La faim des maux

Lena Szepetowski

La faim des maux

LE LYS BLEU
ÉDITIONS

ISBN : 979-10-422-2395-3

Ne cherche pas à plaire aux autres, mais à toi-même.

Prologue

Alors que le monde s'apprêtait à vivre le passage vers un nouveau millénaire, ma mère apprit qu'elle était enfin enceinte. Je suis la dernière d'une fratrie de quatre filles, mais l'unique fruit de l'amour de mes parents. J'ai été désirée, c'est certain, et c'est lorsque mes parents n'y croyaient plus que j'ai décidé que le moment était opportun pour faire mon apparition au sein de ce monde. Je me prénomme Lena Szepetowski (Polirsztok de mon vrai nom avant la modification pendant la Seconde Guerre mondiale), je suis née le 22 août 2000 à Nice au bord des palmiers et de la mer Méditerranée. J'ai toujours été l'enfant sage, docile, studieux et linéaire. En effet, je me suis convaincue dès le plus jeune âge que je devais rattraper les « comportements et erreurs » de mes aînées. C'est ainsi que mon combat visant la perfection a débuté. Mes notes étaient brillantes, mes sourires étaient constants et mes humeurs égales. J'étais investie de la place de « l'enfant espoir ». Néanmoins, mes parents ne m'ont jamais laissé entendre que cette place m'était attribuée, du moins ouvertement. Ils étaient fiers de leur petite dernière, ils savaient que je ne poserais pas de problème en plus des conflits familiaux d'une envergure gigantesque.

Si j'énonce que mes sœurs ont été difficiles pour mes parents, c'est en réalité les relations avec leurs autres parents respectifs (mère de mes deux sœurs du côté de mon père et père de ma sœur du côté de ma mère). Les familles recomposées portent toujours en leur sein un aspect énigmatique. Des conflits à n'en plus finir et mésententes en tout genre. Au milieu de tout cela, je tentais de me faire petite et invisible pour ne pas rajouter du souci à mes parents. Du fait de l'amplitude entre mon âge et ceux de mes sœurs, je n'ai pas véritablement réussi à trouver ma place au sein de la fratrie. En effet, la plus âgée est de quatorze ans et demi mon aînée (fille de ma mère) puis viennent les deux autres ayant respectivement treize et onze ans de plus que moi (filles de mon père). En outre, je n'ai vécu que très furtivement avec mes aînées, peut-être jusqu'à mes quatre ans. Jusqu'alors, je n'ai jamais regretté d'avoir grandi comme une fille unique, j'étais heureuse de passer des moments seule, coupée de l'agitation extérieure. Mais était-ce alors une carapace que je me créais volontairement pour ne pas souffrir de la solitude ? Assurément. Je commence seulement maintenant à concéder que j'aurais voulu avoir un fraternel proche en âge et avoir une relation fusionnelle, pouvoir tout partager. Peut-être est-ce de là que vient mon égoïsme ? Je n'ai jamais appris à partager.

Je considère que mon enfance a été paisible, l'on me donnait tout l'amour possible, je ne manquais de rien et au contraire on me gâtait (c'est souvent le cas pour le dernier-né d'une famille). Néanmoins, certaines épreuves familiales ont été vécues difficilement et ont laissé des cicatrices durant de nombreuses années. En 2012, à presque douze ans, j'apprends que la mère de mes sœurs est décédée d'un cancer à 51 ans seulement. Mes sœurs, alors âgées de 23 et 24 ans, ont dû affronter cette absence permanente à un âge auquel on n'imagine pas perdre un parent. Je ne comprenais pas exactement les enjeux en raison de mon âge, je ne savais pas réellement ce qu'était la mort et sa sentence définitive. En raison d'un deuil douloureux et de nombreux conflits internes, mes deux sœurs et mes parents ont rapidement fini par s'éloigner massivement. Ne pouvant, à l'époque, maintenir un lien seule en l'absence de mes parents, je n'ai plus adressé un mot à mes sœurs pendant des années. J'étais très peinée, mais je devais accepter. Je ne parvenais pas à intégrer le fait que mes sœurs ne cherchaient pas à me voir, car moi, je n'avais jamais eu de conflits directs avec elles. Pendant près de huit ans, je n'ai adressé la parole à mes sœurs que pour les anniversaires et autres évènements marquants en substance, et réciproquement. Les années passaient et je ne ressentais pas le manque, du moins, je tentais de l'éloigner. Lorsqu'on me posait des questions sur mes frères et sœurs, je ne répondais que vaguement pour les deux et étais très gênée d'en parler. Les relations se sont depuis apaisées et je suis heureuse de les compter dans ma vie, nous verrons plus tard que ma place au sein de la fratrie reste tout de même obscure.

Les relations entre la mère de mes sœurs et mes parents ont, d'aussi loin que je m'en souvienne, été désastreuses et dévastatrices. Des crises de pleurs et de nerfs intervenaient si souvent à table, en citant son nom, que je ne saurais les compter. Les querelles se sont étrangement exacerbées à sa mort et ce n'est que depuis quelques années que mes parents n'ont plus jamais eu de controverse à ce sujet.

Dès mon plus jeune âge, j'ai accordé de l'importance aux résultats scolaires, j'avais la chance d'avoir des facilités, ce qui rendait les notes bonnes. Jusqu'à la fin du collège, je ne pense pas avoir été stressée par les cours. Mon souvenir le plus lointain date de la 3e, la veille du brevet : je pleurais à chaudes larmes, pensant que j'allais « tout rater », que j'étais nulle et pas prête. Je peinais à respirer et me réfugiais dans les bras de ma mère. Aussi étrange que cela puisse paraître, je n'ai jamais autant stressé pour un examen par la suite…

Mon brevet s'est très bien déroulé, mais cela n'a pas renforcé ma confiance en moi pour autant.

Mes années lycée ont été très envahissantes, surtout l'année de 1re S (scientifique). Avant chaque contrôle (surtout de maths), je pleurais la veille et j'ai même dû prendre des antidépresseurs pour calmer mon niveau d'angoisse, tant les études déchaînaient mes passions. Mes notes avaient beau être excellentes, ce n'était jamais assez. En effet, quand j'obtenais 17/20 j'étais contente dix secondes, puis le stress surgissait à nouveau « maintenant, il ne faut surtout pas baisser ma moyenne au prochain contrôle, donc avoir au moins 17 ! ». En revanche, si j'obtenais 12/20 je restais focalisée sur mon « échec » pendant des jours et ressassais : « Il faut absolument que j'aie une meilleure note au prochain contrôle, car c'est insupportable ! ».

À titre d'exemple, je me souviens d'un jour en première où l'on m'avait rendu trois contrôles dans diverses matières au cours de la même journée : un 17 en maths, un 16 en anglais et un 11 en français (matière que j'ai toujours haïe). Pas un seul moment je n'ai pensé aux deux bonnes notes que j'avais obtenues, je suis rentrée chez moi et j'ai énoncé la note de français à tue-tête en omettant, volontairement, les deux autres notes, car elles étaient anecdotiques. J'étais obnubilée par mes échecs et le négatif l'emportait toujours sur le positif… comme en mathématiques. J'étais persuadée d'avoir raté chacune de mes épreuves à leur dénouement. J'en pleurais presque, alors que je finissais par avoir au moins 15 ou 16 couramment. Toujours est-il qu'après chaque « succès », j'envisageais déjà la prochaine débâcle et n'étais satisfaite qu'un court instant. Selon moi, je n'ai jamais su anticiper positivement une situation, je ne suis capable d'imaginer que le pire et en suis bien accablée.

Après l'obtention de mon baccalauréat en 2018, je suis partie à Paris, loin de mes parents, afin de poursuivre des études à l'Université Paris-Dauphine en économie. Je n'avais pas la moindre idée du parcours professionnel que je souhaitais emprunter, alors j'ai choisi rationnellement une discipline qui ne m'était pas familière (ayant fait une filière scientifique, je n'avais pas suivi d'enseignements d'économie). Nonobstant, il s'est avéré que j'ai abhorré les enseignements durant ma licence d'économie, mais j'ai toujours travaillé d'arrache-pied pour réussir, à m'en rendre malade. Je pouvais, par exemple en troisième année de licence, ne dormir que cinq heures par nuit pour travailler sans relâche et étais épuisée. Je m'endormais pendant les cours, quelquefois cinq minutes, car mon corps ne tenait plus la cadence, mais je ne tenais pas compte des signes d'asthénie et travaillais de plus belle. À cette époque, je développerai plus tard sur ce point, j'étais en grande restriction alimentaire et je me nourrissais du travail pour ne pas manger. Il fallait toujours que je poursuive, car c'était mon devoir, jusqu'à cette année de Master Finance en 2021 au cours de laquelle je n'ai pas tenu plus de deux mois, exténuée par les crises de boulimie et pleurs qui s'en suivaient.

Quand bien même les cours étaient d'une grande pénibilité, j'ai pu faire quelques rencontres qui resteront cruciales : A, C, I et Cyril, l'homme de ma vie. A est mon miroir, nous avons plus de points communs que des sœurs, des histoires semblables, des réflexions rapprochées, des comportements proches… Elle aussi a fait une phase d'anorexie plus jeune, elle aussi a fait une dépression à cause des cours, elle aussi a une angoisse de performance… elle est mon reflet et je ne cesserai de le croire.

Cet ouvrage n'a pas pour but de conter mon histoire à la manière d'une autobiographie, mais de se concentrer sur des évènements épisodiques depuis avril 2020, à la manière d'un journal intime, soit le début de la maladie dont je souffre : les troubles du comportement alimentaire. Je tenterai d'exposer chronologiquement comment ce trouble s'est installé, puis d'expliquer au mieux les pensées et sensations vécues à chaque instant depuis trois ans. Il me semblait crucial de me présenter quelque peu avant de débuter mon récit centré sur les dernières années de mon existence.

La définition des troubles des conduites alimentaires pour ne pas vous perdre en début de lecture :

TCA : Comportements alimentaires différents de ceux habituellement adoptés par les personnes vivant dans le même environnement. Ces troubles sont importants et ont des répercussions psychologiques et physiques.

Partie I
La mise en place anorexique

Chapitre 1
Souvenirs, souvenirs

4 avril 2021

Un an en arrière, cela faisait deux semaines que le confinement avait débuté en France afin d'endiguer la pandémie de Covid-19. Les cours se poursuivaient tant bien que mal à distance et, les premiers temps, je m'adaptais à ce nouveau mode de vie solitaire. J'étais revenue chez mes parents à Nice, n'ayant pas souhaité rester seule à Paris pour une période d'isolement. En arrivant à Nice, ma mère avait découvert de nombreuses plaques rouges d'eczéma aux alentours de l'aine, proche des parties intimes. Elle semblait interloquée, mais ni elle ni moi ne savions d'où cela pouvait provenir. Ce 3 avril 2020 avait marqué le début d'une nouvelle ère, mais j'étais loin de le réaliser à l'époque. Peu après mon réveil, j'avais décidé de me peser (je n'avais pas de balance à Paris et ne m'étais donc jamais pesée depuis des mois). Horrifiée par le chiffre face à moi (60 kg), j'étais sous le choc, car mon poids de forme se situe environ autour des 55 kg. Cette distorsion entre une légère prise de poids et ma réaction en disait déjà long sur mon état d'esprit. J'avais toujours eu une relation compliquée avec mon corps, je ne l'avais jamais aimé et j'avais souhaité plus d'une fois perdre un peu de poids, mais je me considérais trop comme lâche et incapable pour réaliser ce rêve. Cela n'était cependant pas une obsession jusqu'alors.

Seulement une semaine au cours du mois d'août en 2019, j'avais réduit drastiquement mes apports alimentaires pour perdre 1 kg (que j'ai rapidement repris par la suite).

Je ne pouvais pas laisser passer une envolée de ma masse pondérale sans agir et c'est ce jour-ci que j'ai décidé de faire un régime innocemment. Le début d'un printemps qui pousse à se « reprendre en main pour le Summer body » et me voilà partie pour un léger régime qui s'avérera devenir un cauchemar. Au départ, rien d'affolant, j'ai commencé par enlever les desserts sucrés, suivis du gras, des matières grasses, des féculents… et c'est à ce moment-là que tout a basculé rapidement. Je perdais vite, à raison de 1 kg par semaine environ et comme ce n'était pas assez, j'ai intégré des séances de sport quotidiennes (bien que je haïsse le sport). J'avais la sensation d'agir pour la première fois et de contrôler. Cette fameuse sensation de contrôle qui s'avérera dangereuse et néfaste par la suite. Me faire souffrir avec le sport, me faire souffrir en regardant des vidéos de nourriture sans arrêt pour me remplir artificiellement, me faire souffrir en reniflant des aliments que j'aurais aimé manger tout en me rabattant sur des haricots verts… Mais la situation n'était pas encore alarmante. En outre, j'avais le temps de me documenter sur les calories des aliments, de faire mes séances de sport, car les cours ne demandaient pas beaucoup d'implication étant donnée la pandémie. Au bout de quelques semaines, vers la fin du mois de mai, j'étais définitivement entrée dans le cercle infernal, mais j'étais dans le déni le plus profond et affirmais sans cesse que j'allais très bien. Les baisses de quantités alimentaires jusqu'à 400 calories par jour me paraissaient adaptées pour atteindre mon objectif (de 54 kg au départ, mais objectif qui a changé drastiquement au fur et à mesure de la perte de poids).

28 mai 2021

Il y a un an jour pour jour, je pesais 54 kg, soit une perte de 7 kg en deux mois. Mon objectif de poids était atteint, mais pourquoi s'arrêter en si bon chemin alors que je résistais parfaitement aux tentations ? Je voulais aller plus loin. C'est ainsi que le « régime » drastique a persisté. J'avais une euphorie de la perte de poids, une addiction à la balance et à la perte chaque jour. Ma première action au réveil était d'aller aux toilettes (pour éliminer le maximum) puis me peser. Si le chiffre était inférieur à la veille, j'étais contente pendant une seconde et cela me motivait à continuer, car ce n'était pas assez. En revanche, si le chiffre était supérieur ou égal, j'enrageais et me mettais à pleurer puis me restreignais davantage sur la journée pour perdre cet excès qui n'avait pas lieu d'être. La balance était comme une prison dans laquelle j'étais gardienne et détenue à la fois, je ne souhaitais pas m'échapper, bien qu'ayant la clé à disposition.

Si j'ai descendu vite en masse, ma joie de vivre a chuté avec la même vélocité, mes émotions ne transparaissaient guère et ma vie n'en était plus une. J'étais loin d'imaginer ce que l'avenir me réservait avec les pires sensations au monde : les crises d'hyperphagie-boulimie.

24 août 2021

Il y a un an, je ne pesais plus que 47 kg (soit un IMC de 17,5 classé comme maigreur). Cependant, je me voyais encore énorme et détestais mon corps. Je voulais perdre davantage, car mes cuisses me paraissaient difformes. Je passais mes journées à me nourrir virtuellement de vidéos (vidéos de mangeurs professionnels, Américains faisant plus ou moins des crises d'hyperphagie filmées), à regarder des recettes savoureuses, à apprendre par cœur les calories de chaque aliment, à pleurer si j'avais pris 100 g, à ne pas me réjouir si j'en avais perdu 100… Ma vie tournait autour de cette obsession pondérale, il m'en fallait toujours plus, il fallait que je pèse toujours moins. Mon corps criait famine et je le faisais taire. J'avais 8 de tension et faisais des malaises plusieurs fois par jour. Je commençais à perdre mes cheveux et avais tout le temps froid bien que le temps fût clément. Lorsque je tentais de trouver le sommeil, mes jambes m'irritaient, car les os s'entrechoquaient. J'avais perdu mes règles depuis plusieurs mois et ne les avais récupérées qu'au bout de 9 mois. Ma meilleure amie ne saisissait pas le moins du monde ma maladie et pensait qu'il fallait simplement que je mange à nouveau… heureusement, il s'avère qu'au bout de quelque temps, elle a changé radicalement pour laisser place à une âme douce et soutenante.

Ma mère commençait à s'inquiéter sérieusement et c'est ainsi que j'ai commencé un suivi avec une diététicienne en juin, puis avec une psychiatre spécialisée dans les TCA en juillet. La psychiatre était loin d'être affolée et ne considérait pas que j'avais un TCA, mais que j'étais simplement dans une petite phase compliquée d'adolescente. Elle nous riait au nez si nous prononcions le mot anorexie, car évidemment je n'étais pas malade pour elle… j'avais un IMC dans la normale. Cela a largement participé au fait que je ne parviens pas à me considérer comme anorexique encore aujourd'hui. Je n'ai jamais fait un poids critique et ai rapidement basculé vers des crises de boulimie. Cependant, l'anorexie mentale ne se définit aucunement par un poids, mais par ses pensées envahissantes, par le contrôle, le perfectionnisme… et je cochais toutes les cases.

En effet, je me permets de vous conter une histoire s'étant déroulée quelques mois plus tôt en février 2020. À l'époque, je travaillais sur un devoir de sociologie sur Durkheim qui, étonnement, portait sur les troubles alimentaires. C'était une maladie que je ne connaissais pas, mais j'ai été très assidue dans mes recherches et passionnée par les écrits sociaux sur le sujet. Un passage de mon devoir pourrait sans doute vous éclairer :

En effet, les jeunes anorexiques se perfectionnent et sont exigeants envers eux-mêmes dans tous les domaines (voir la métaphore d'être « nourrie scolairement »), ce qui rejoint leur problème pathologique de contrôle total : les victimes s'inscrivent dans une compétition permanente avec elles-mêmes et une comparaison perpétuelle avec les autres. La plupart de ces étudiants viennent de classes socialement supérieures, ce qui reflète que l'éducation familiale leur avait déjà inculqué un certain niveau d'exigence. Les réflexions des malades proviennent non seulement d'eux-mêmes, mais également de leur éducation : l'aspect corporel et intellectuel était lié dans la famille des victimes. Le corps est devenu une marque de distinction sociale, car le travail effectué sur le corps dénote d'un travail acharné qui peut être réalisé sur d'autres supports (recherche d'exceptionnalité sociale et culturelle). L'anorexie dépend de facteurs culturels et sociaux, donc c'est un fait social, ces maladies s'imposent aux individus et leur sont extérieures.

Devenir Anorexique, Muriel Darmon

J'avais découvert par le biais de ce devoir que l'importance accordée au travail et celle de l'investissement scolaire étaient des symptômes récurrents de la pathologie psychiatrique, que les anorexiques provenaient en majeure partie de classes socio-culturelles élevées, que la valeur familiale accordée au poids était un facteur déclencheur de l'apparition de la maladie, que les victimes de cette pathologie sont fréquemment dans le contrôle et perfectionnistes, qu'elles sont dotées presque intrinsèquement d'un esprit de compétition malgré elles (comparaison incessante), qu'elles se dévalorisent sans cesse... cela faisait écho à mes traits de caractère. Je restai perplexe face à ces écrits, tant je percevais qu'ils m'appelaient et me décrivaient. Ma surprise fut telle que j'ai envoyé un message à ma mère dont je me souviens de la teneur. J'y décrivais ces symptômes d'anorexique et me suis exclamée : « Je me reconnais dans tout ! je suis une anorexique, mais il me manque juste l'aspect alimentaire ». Elle m'avait rétorqué que jamais je ne devais le devenir et me restreindre, et je l'ai rassurée en lui répondant que je ne pourrai jamais le faire, car j'aimais trop la nourriture pour cela... bien sûr. Quoi qu'il en soit, ce fut le premier jour où j'ai été frappée par les similitudes entre les comportements dans cette pathologie et les miens.

Chapitre 2
Les causes

20 juin 2021

Au sein de ma famille, la nourriture a toujours été un sujet, mais je reviendrai plus tard en approfondissant ce point délicat. Cela a sûrement participé au développement de ma pathologie. Cependant, il faut noter que quelques jours avant le confinement, j'avais eu une relation sexuelle avec un garçon que je connaissais à peine (nous nous étions vus trois fois) et c'était seulement mon deuxième rapport (j'avais eu le premier deux jours auparavant avec cette même personne). Le rapport ne s'est pas déroulé comme escompté. En effet, je n'avais pas envie d'en avoir un et l'ai signifié, donc il s'était ravisé. Mais cinq minutes plus tard, il a commencé à nouveau à me faire des signes pour avoir un rapport, mon envie était toujours nulle, mais alors qu'il s'approchait, la peur s'est éprise de moi et je n'ai rien pu dire. Je me suis laissée aller au rapport bien que ne l'ayant jamais souhaité. J'avais mal et ma douleur transparaissait dans mes gestes et bruits, en outre, je le lui ai signifié à plusieurs reprises et il ralentissait pendant quelques secondes avant de reprendre comme si je n'avais dit mot. Je subissais et attendais la fin, mon corps était déconnecté de mon cerveau et j'attendais simplement que cela passe, sans émotion aucune.

Ce jour-là, le 14 mars 2020, lorsqu'il a claqué la porte de mon appartement, je me suis juré que plus jamais je ne le reverrai. À ce moment précis, je ne réalisais pas encore que cette scène serait d'une grande souffrance, je pensais que je n'avais pas été assez claire et que cela arrivait à tout le monde. Je n'aurais jamais pu imaginer que cela aurait pu être qualifié d'agression sexuelle, car rapport non consenti. Aujourd'hui encore, je peine à admettre que j'ai pu subir une agression, tant je rejette la faute sur moi. Les rougeurs apparues quelques jours plus tard ont été la conséquence corporelle de cet abus, mais je ne l'avais pas encore assimilé à l'époque.

Chapitre 3
Se remémorer pour avancer

7 juillet 2021

1. Le sport veut ta mort

L'hyperactivité mentale (psychique) et physique sont juxtaposées, corrélées et parties prenantes de la maladie. Elles vous amènent à concentrer le peu d'énergie qu'il vous reste à des fins de consommation énergétique, peu importe le coût. J'ai commencé le sport à outrance en avril 2020 (jusqu'en août 2020) et en ai fait 1 h à 1 h 30 par jour durant cette période. L'épuisement me valorisait, me galvanisait. L'addiction commençait, mais n'était présente uniquement dans un but de perte de poids et rien d'autre. J'ai toujours haï le sport et continue aujourd'hui d'éprouver ce sentiment.

Je me souviens parfaitement d'une journée de juillet, très chaude et ensoleillée. La brume de chaleur caressait ma peau, mais ne parvenait pas à la réchauffer… ma restriction poussant mon corps à produire le moins d'énergie possible et donc à ne pas avoir une température corporelle adéquate. J'avais froid, en été.

Je me levai tôt afin d'assister à ma séance de sport quotidienne, cette fois sur la terrasse avec ma mère et sa coach. À peine sortie du lit que mes jambes ne tenaient plus mon corps, ma vue se troublait et je tombais par terre. Les malaises m'étaient familiers et je repartais de plus belle. Partie pour la séance, je restais sur mon objectif d'en faire le plus possible, de repousser mes limites et capacités. La transpiration tachait mes habits, la respiration se faisait rare et maladive, mes membres me criaient d'arrêter, mais je n'en fis rien. Il fallait absolument que je termine pour brûler le plus possible, et après je pourrai me reposer et récupérer (sans manger bien sûr, ou très peu… 400 calories dans la journée tout au plus).

Au bout de 40 minutes que ma bouche haletait et que mon cœur menaçait de lâcher, mes nerfs suivirent. Je dus partir aux toilettes, invoquant une envie pressante, mais en réalité je partais verser mes larmes d'épuisement et de douleur intense aussi bien morale que physique. Je pleurais de fatigue pendant de longues minutes et la maladie ne m'a pas offert le répit que mon corps implorait. Dix minutes plus tard et me voilà de nouveau sur le ring, prête à terminer la séance, car « Non, tu ne dois pas abandonner ! ». Je n'ai raconté cet épisode que bien des mois plus tard et la détresse ressentie ce jour restera à jamais marquée dans ma mémoire.

2. Zéro, on a tout faux

Lorsque l'on mange environ 500 calories en une journée, le corps se met à fonctionner de façon limitée. Il ne comprend pas ce que son esprit tente de lui dicter et demande de l'énergie qui n'est pas donnée. Le métabolisme ralentit drastiquement et le corps élimine toutes les activités non essentielles à la survie de l'être pensant : cycle menstruel, pousse de cheveux et ongles, etc. L'embarras majeur réside dans le métabolisme. Je m'explique : moins l'on mange, moins le corps brûle de calories, car son but premier est de garder le maximum d'énergie apportée et donc d'en consommer le moins possible. C'est ainsi qu'après quelques semaines de restriction intense, il se peut que l'on prenne du poids (artificiellement) avec des apports hypocaloriques, et en étant malade, cela est insupportable et nous ramène vers les côtés les plus sombres de nous-mêmes.

Début octobre 2020, je mangeais environ 800 calories par jour, car beaucoup de raisins le soir pour essayer de combler ma faim extrême. La mention du fruit en question est cruciale. En effet, le raisin contient 80 % d'eau et le corps va sûrement faire de la rétention d'eau ce qui va causer la prise de masse. De surcroît, je faisais de manière récurrente des crises de « mâchage-recrachage » avec toutes sortes d'aliments sucrés, et bien que je parvinsse à ne pas avaler ne serait-ce que ma salive, j'avais l'ultime pressentiment que cela pouvait me faire grossir.

À la vue de cette prise d'un demi-kilogramme en une journée (bien que ne reflétant pas la réalité), mon esprit eut un électrochoc d'une violence incommensurable. En conséquence, j'ai décidé de ne pas manger pendant 24 heures, un défi nécessaire selon moi.

Il se trouvait justement que je devais aller à Paris pendant le week-end afin de voir mes amis et travailler mes partiels de mi-semestre. Occasion bénie des dieux pour assouvir ma soif de restriction.

L'on ne peut pas absorber moins de 0 calorie en une journée, c'était le meilleur chiffre, car le plus bas. Au bout de 24 heures sans manger une miette, la faim n'était même pas présente (du moins, la maladie l'empêchait de s'exprimer naturellement) et je travaillais avec acharnement. Vint le soir, cela faisait déjà 36 heures que je n'avais rien avalé et des amis venaient chez moi. Mon état de fatigue était avancé, je ne tenais plus debout et essayais même de rester couchée le plus possible malgré les discussions autour de moi. Mon désarroi était colossal, inexplicable, même en ayant recours à un apophtegme. Je pensais simplement que puisque j'avais déjà passé aussi longtemps sans manger, je pouvais encore tenir. Ce que je fis. Je partis me coucher l'estomac vide d'aliments, l'esprit vide de sens, le cœur vide d'émotions.

Le lendemain fut plus rude, une fois arrivée chez mes parents, je n'ai pu que me précipiter pour manger (des boulettes et des courgettes ainsi qu'un yaourt et beaucoup de raisins une nouvelle fois), mais avec un bilan calorique de maximum 900 calories, ce qui m'était d'ores et déjà intolérable.

Une crise de pleurs et d'angoisse féroce s'est abattue sur moi après le repas, que je considérais comme une crise de boulimie (si seulement j'avais su ce qu'étaient réellement des crises à l'époque…) et à la vue de ma mère, désespérée, peinée pour moi et ne parvenant pas à me réconforter.

Toutefois, je vis le jour suivant que mon poids avait diminué d'un kilogramme ce qui me ravit. Ce qui m'échappait était qu'une aussi forte restriction aurait des conséquences désastreuses dans peu de temps.

Le 14 décembre de la même année, je débutais mes partiels de troisième année. J'avais travaillé sans relâche tout le semestre, mais la dernière semaine, je n'étais pas parvenue à ouvrir un livre. En effet, pour tenter de palier les crises de boulimie, ma psychiatre m'avait prescrit de l'épitomax. Le traitement semblait bien fonctionner, mais il s'avère que cela devait être illusoire, car l'expérience fut réitérée plus tard sans résultat concluant. Ce médicament me fatiguait énormément, m'a causé une hépatite médicamenteuse, une importante chute de cheveux ainsi que des troubles de la concentration. Tous les effets secondaires ont commencé à apparaître une semaine avant mes examens, handicapant mes révisions. Je suis arrivée aux épreuves épuisée et nerveuse, puis le premier jour, lors de la comptabilité, je me suis persuadée d'avoir tout raté à la sortie. Je suis rentrée chez moi et, au-delà d'une mini crise, j'ai pleuré sans cesse, je n'avais plus le goût de rien, plus le goût de vivre. Selon moi, l'examen a été un déclencheur, mais beaucoup d'évènements ont contribué à cette journée sordide. Je n'ai pensé qu'à mettre fin à mes jours, c'était mon unique objectif. Je ne voulais pas me rater, mais surtout éviter la douleur, j'ai passé des heures à éplucher des sites internet sur « comment se suicider sans douleur ? »… Surprise, il n'existe aucun moyen. J'étais dans un désespoir des plus profonds et n'avais jamais connu pareille agonie. Je me souviendrai toujours de L qui a été là pour moi toute la soirée, m'a tenu compagnie au téléphone alors que je pleurais et disais que je voulais mourir à tout prix. Les jours suivants, je suis allée à mes évaluations sans la moindre implication. Je ne relisais jamais mes fiches pendant que les autres révisaient d'arrache-pied, tout me passait au-dessus.

Et puis vint le dernier jour, 18 décembre, le partiel d'informatique. Je n'en attendais rien, encore moins que les autres. Cependant, alors que je m'installais dans la salle, un grand jeune homme était assis à côté de moi, son nom de famille étant proche du mien alphabétiquement. Le sujet peinait à être distribué, c'est sans nul doute que j'ai engagé la discussion avec lui, nous étions de la même classe, mais ne nous étions jamais vus, car les cours étaient en distanciel. Il était gentil et drôle, nous avons sympathisé, mais les vacances approchaient, nous ne nous sommes pas parlé à nouveau jusqu'en janvier. Ce jeune homme, c'était Cyril. Je ne savais pas encore l'histoire d'amour qui nous était réservée et à cette époque je n'aurais pu imaginer un tel dessein tant la détresse me gagnait. C'est dans le moment le plus dur de ma vie qu'il est apparu comme mon sauveur, c'était le destin.

Partie II
L'arrivée de l'hyperphagie boulimique

Chapitre 4
La mise en place boulimique

27 juillet 2021

Aujourd'hui, plus question d'un petit homme qui contrôle ma conscience lorsque quelque chose pénètre dans ma gorge. Plus d'être malicieux qui s'empare de ma joie de vivre et me pousse à m'autodétruire en me faisant disparaître petit à petit. Plus de contrôle absolu, de détermination à son paroxysme, plus de volonté de maigrir sans cesse malgré un corps satisfaisant.

Non, aujourd'hui ce n'est plus rien de tel.

Un être démoniaque s'est développé en moi. Il ne souhaite qu'une chose : me faire du mal, et ce, davantage que le précédent. Si je pensais qu'en mangeant à nouveau sans privation j'allais réduire mes angoisses et arrêter de souffrir, c'était une illusion bien consternante.

Je m'empiffre jusqu'à n'en plus finir, jusqu'à vouloir me faire vomir, mais ne pas en être capable, je suis un ogre vilain et épouvantable, repoussant, laid, vicieux, dégoûtant, abominable, et j'en passe. Ce n'est pas une simple énumération de mots que l'on utilise peu dans notre langue, ce sont des images de mon esprit tourmenté. Chaque jour, je me déteste plus que le jour précédent. Chaque lever de soleil, le désespoir vient sonner à ma porte pour me tenir compagnie. Chaque heure, l'angoisse de la solitude se fait plus grande, laissant un vaste vide derrière lui dans lequel je me loue. Chaque repas un nouveau défi qui s'offre, une bataille qui s'avouera toujours perdue, un instinct *devil* impossible à combattre. Chaque nuit, un souffle d'espoir laissant place à l'effroi glacial menant à une envie de disparaître. Chaque regard posé sur ma personne me révélant l'être monstrueux qui naquit par ma faute. Chaque étape alimentaire insurmontable et pourtant si dérisoire.

Mais voilà, je suis grosse, pour le dire crûment. Bedonnante d'abandon d'efforts, empâtée de honte, obèse d'excès à éviter.

Ce qui marque la fin d'une période est aussi le début d'une nouvelle, comme à chaque évènement historique. La fin du Moyen-âge appelle le début de la Renaissance. Seulement, l'histoire est censée aller de l'avant, pourtant j'ai régressé.

Déterminée, volontaire, disciplinée, mince, travailleuse, acharnée, tenace ont laissé place à la nouvelle Lena. Une femme sans but si ce n'est se rendre hideuse et abjecte. Dégoûtante, incertaine, se laissant vivre, indisciplinée, soumise aux tentations ne sachant pas les repousser, obèse, chômeuse, versatile. Elle n'est que vide de l'esprit et pleine de nourriture calorique.

Si la période de restriction pouvait être alléchante, elle a entraîné malgré son hôte une période d'orgie culinaire qui persiste depuis longtemps. Tout y passe pendant les crises alimentaires : un paquet de céréales entier suivi de pain et Nutella ou biscuits, tablettes de chocolat, brioches, glaces, gâteaux, et sucre en tout genre.

Je vous avais prévenu, je suis un ogre. Je me répugne. Les kilos se sont accumulés, et ne cessent de le faire encore tant je suis incapable d'agir pour maigrir, ce qui me semble si simple à décider.

Vivre avec l'hyperphagie, (épisodes récurrents de crises de boulimie [manger en excès] sans le recours à des comportements compensatoires comme des vomissements) c'est croire dur comme fer que la seule solution est de se donner la mort. On effectue même des recherches sur comment y parvenir, puis on pense aux autres auxquels on pourrait éventuellement faire de la peine par notre disparition. On pense à ce qu'il nous serait impossible de vivre si l'on commettait l'acte irréparable. Mais au diable les diktats. À quoi bon vivre une vie pour les autres et non pour soi, à quoi bon faire semblant que la vie qui s'offre à nous vaut la peine d'être vécue ? Car elle ne l'est certainement pas. Être en crise d'hyperphagie c'est se sentir mal et tenter de combler le vide émotionnel par la nourriture. Un vide si profond que la réponse alimentaire se doit d'être gigantesque. Seulement voilà, au bout de maintes et maintes denrées ingurgitées comme un porc monstrueux, vient le mal physique. Le mal du trop-plein, que l'on a recherché et donc que l'on pense avoir mérité. Le mal au ventre effroyable qui donne envie de tout recracher, mais même cela, on n'est pas capable de le faire. On est vraiment inutile. Au moins, les boulimiques essaient de remédier au problème et réussissent à ne pas grossir ce qui est incroyable, j'en rêve.

Le mal s'installe et s'intensifie, puis la culpabilité le rejoint. Elle se fait sentir comme une présence minime puis grandit et envahit l'espace jusqu'à occuper la totalité de l'esprit.

« Mais t'as pas honte, tu ne sais pas te contrôler, t'es vraiment qu'une merde, tu ne sais rien faire, t'es incapable de t'en sortir, t'es nulle, tu mérites de crever, t'es qu'une conne, t'es énorme, tu t'es regardée t'es obèse et tu continues, mais tu cherches quoi ? Rouler ? »

Pendant la culpabilité vient la tristesse incommensurable. Les pleurs toute une nuit, la détresse immense. Une rivière de chagrin s'installe et prend ses marques à jamais.

Chapitre 5
Le regard des autres

8 août 2021

Si les nuits seule sont presque insurmontables, le regard des autres est une étape bien plus douloureuse.

Les regards sont pesants, le jugement, les moqueries, tout cela n'est pas anodin. La société veut voir des femmes minces, je ne peux pas daigner me montrer sans choquer (ou penser choquer du moins).

« Comment peut-on en arriver là ? C'est dommage qu'elle soit si grosse, elle pourrait être pas mal… un régime, ça ne lui ferait pas de mal… ce n'est pas si compliqué de maigrir, tout le monde peut le faire… c'est repoussant autant de graisse… ses amies sont fines elle pourrait faire de même… elle mange beaucoup trop par rapport aux autres. »

Dans ma tête, il m'est impossible de croire que l'on ne me juge pas, que l'on ne me trouve pas grosse et que les pensées notées au-dessus ne sont que mirages de mon esprit.

J'ai plus d'appétit que mes amies. Je le regrette, je le vis mal, je m'en veux terriblement, mais c'est un fait. J'ai toujours fait semblant de ne plus avoir faim quand elles disaient qu'elles étaient pleines. J'ai toujours fait mine d'avoir trop mangé après un plat de pâtes avec des quantités que j'aurais pu tripler si j'avais été seule. J'ai toujours refusé un dessert après un repas conséquent alors que j'aurais toujours eu de la place pour en prendre. J'ai toujours laissé un peu de mon plat au restaurant comme elles alors que je n'avais envie que de manger le reste. Ma vie est une constante frustration alimentaire. Personne ne comprend à quel point je mange, et ce que je suis capable de manger si je suis seule. J'ai si honte d'avoir un appétit énorme quand mes amies sont rassasiées à une moitié de pizza, un quart de plat de pâtes, ou un cookie en dessert alors que je finis toujours la boîte entière sans sourciller.

Bref, en somme, je rêve de me faire retirer une partie de l'estomac pour avoir le même appétit que les autres, arrêter de me sentir exclue et surtout le plus important : enfin maigrir.

Si je m'acharne à penser que je vais m'en sortir, c'est parce qu'au fond je n'y crois absolument point. Si j'ai bien une certitude dans ce monde, c'est que je n'arriverai à rien. Je suis trop nulle pour surmonter tous ces troubles. Je suis condamnée à enfler jusqu'à mourir d'obésité en me demandant toujours comment j'aurais pu éviter cette fin sordide.

Si je parle sans cesse de mes crises, c'est qu'elles me dévorent, car je dévore moi-même. En mangeant les aliments, je grignote mon âme. Cependant, en dépit des évènements récents et du fait que selon moi, les crises sont les pires moments que j'aie vécus, il s'avère qu'il ne faut pas oublier totalement les infamies pendant les périodes d'anorexie restrictive pure.

Chapitre 6
La recherche de solutions

16 août 2021

S'il m'est impossible de m'en sortir seule, j'en conviens et je l'ai accepté il y a bien longtemps désormais, je recherche des solutions extérieures viables. Me rapprocher de mes parents et leur demander une surveillance permanente n'a pas été une solution fructueuse. Il m'a fallu chercher plus loin. C'est ainsi que m'est apparue la solution clinique comme limpide et apaisante. On ne m'a pas considérée, pensant que je n'en avais pas réellement besoin, que j'étais capable de faire mon chemin par moi-même… que de naïveté je le sais bien. Je suis incapable de faire cela. Encore ce soir, alors qu'une crise est survenue la veille, je me tourne vers un burger… désespérant. Mais voilà je ne sais plus faire autrement, sauf en présence d'un tiers qui m'en empêcherait. Le tiers est le corps médical qui pourrait me préparer des repas équilibrés et je n'aurais pas d'autres possibilités que de me nourrir ainsi, sans extra, cela serait extraordinairement apaisant et ressourçant. Ces derniers jours, beaucoup de crises et de pleurs incessants la nuit avec des colères excessives. Je finis par hurler et me mordre tellement ma situation déchaîne mes passions.

J'ai enfin obtenu que l'on prenne sérieusement ma demande d'hospitalisation. J'attends des réponses rapides pour être placée. Dorénavant, je vais devoir ou bien abandonner mes vacances prévues de la fin de l'été (corse, Portugal, anniversaire) au profit d'un traitement de fond alimentaire qui m'aiderait profondément, ou rater ma rentrée en master (éventuellement, la faire à distance si possible). Je vais devoir faire des concessions, mais je suis prête, cela a assez duré, je ne peux plus supporter. C'est l'hospitalisation ou la mort intérieure. Il faut savoir faire un choix pour survivre.

Partie III
Un château sans prince charmant

Chapitre 7
Les soins cliniques

27 août 2021

Depuis le 23 août 2021, je suis rentrée dans une clinique à Garches près de Paris pour un peu plus de trois semaines afin de guérir. Si les deux premières semaines m'ont paru apaisantes d'un point de vue alimentaire (la nourriture était contrôlée et aucune crise n'était possible), la première permission de quelques jours l'a bien moins été. En effet, j'ai eu le droit de passer des repas chez moi, tous accompagnés sauf un. Vous devinerez bien quel repas fut problématique et critique. Le repas pris seule s'est bien évidemment suivi d'une crise alimentaire, un nouvel échec après la dynamique de soin dans laquelle j'étais placée. Seulement, mon libre arbitre ne me permet que l'autodestruction. Je réalise que ces trois semaines sont bien courtes pour guérir d'un si grand trouble alimentaire. Je voudrais rester encore un temps, mais les cours ont repris et malgré ma haine pour ce que j'étudie, je me dois de continuer dans le droit chemin. Je fais le choix de combiner mes études et en parallèle me soigner ce qui me semble simplement ingérable. Je me sens déjà terriblement en retard pour les cours, si bien qu'à l'heure actuelle je devrais travailler, mais je préfère écrire mes pensées… quelle idée saugrenue ! La partie positive pourrait être les rencontres que j'ai faites ici, je pense, notamment, à E, C, L… qui m'ont permis de voir que les troubles étaient nombreux dans la population et que nous sommes tous dans le même cas et la même volonté de nous en sortir. E est devenue une amie avec laquelle je partage beaucoup et je me sens en confiance, son anorexie mentale est très compliquée à soigner, mais elle s'accroche et je crois en elle. C'est une de mes amies les plus proches et je suis impressionnée par sa détermination à toute épreuve.

Quant à moi, je ne vois que du noir, la lumière serait une erreur. Je veux la frôler, mais est-ce possible ?

Cette hospitalisation m'a également montré que mes sœurs sont à l'écoute et soucieuses de mon état, je me sens aimée et appréciée par celles auxquelles je ne confiais presque rien. Mes amies m'ont pour certaines un peu délaissée, certainement prises par le tourbillon de la rentrée et des sorties mondaines, ce que je peux tout à fait entendre. L'on n'a pas envie de se tourmenter avec une amie malade lorsque l'on a l'opportunité de s'amuser et prendre l'air avant une année de travail acharné.

Mes parents me manquent. J'ai besoin d'un soutien que je ne ressens pas présentement. J'ai besoin de leur présence, de leur contact et de leur amour que je ne saisis plus.

Je suis en passe de vouloir tout arrêter, mais je vais continuer comme à mon habitude, jusqu'à mon dernier souffle. Malgré mon retard accumulé, je sais qu'à un moment je me reprendrai. En attendant, tentons de survivre.

Chapitre 8
La sortie

2 octobre 2021

Trois semaines après ma sortie de la clinique, si j'affirme à qui veut bien l'entendre que tout va pour le mieux, c'est tout le contraire. Je mens à tout le monde, je ne veux plus manger. Ce qui m'a amené au retour des crises. J'ai envie de mourir. Cette crise me montre à quel point ce que je croyais contrôler était illusoire. Je ne veux pas retomber, il ne faut pas retomber ! J'ai passé mon après-midi à essayer de me faire vomir, j'ai réussi par moments, mais à peine, donc la plupart sont restés dans mon estomac. Même cela, j'échoue. Concernant les cours, je ne m'en sors pas. Des après-midis entières passées à penser à la nourriture que ce soit crise ou restriction c'est obnubilant, et travailler m'est insurmontable. Je perds des heures entières à compter les calories dans ma tête.

Depuis ma sortie après le bref séjour clinicien, la restriction reprenait de plus belle, j'étais à 300 calories par jour et mes mensonges étaient incessants pour ne pas manger. Toujours est-il que ma restriction abyssale n'a pu s'opérer convenablement que pendant trois semaines au bout desquelles des crises sont survenues à nouveau (logiquement). Une crise appelait une nouvelle restriction qui elle-même engendrait une prochaine crise plus conséquente. Cet enchaînement, bien que familier, n'était pas encore compris par mon cerveau, du moins intégré rationnellement.

18 octobre 2021

Après une crise virulente mi-octobre, je me suis décidée à arrêter de manger (nouveau défi pour ma maladie) pendant deux jours comme j'avais pu l'effectuer un an auparavant.

« Tu y arriveras et ne céderas pas, tu es plus forte que tes tentations maléfiques », me répétais-je.

Je mentais à chaque repas, à mes amis, à mon copain, à mes parents… mais je suis parvenue à mes fins et ai même réussi à faire plus que convenu (trois jours complets sans manger).

Durant cette période, alors que j'avais le sentiment que tout se déroulait pour le mieux, mon comportement était modifié : j'étais exécrable et irascible avec mes proches, je m'énervais pour un rien tant mes nerfs ne supportaient plus, et j'éprouvais une fatigue immense.

Nonobstant, personne ne pouvait soupçonner ce que je traversais, j'étais presque en surpoids alors comment imaginer un instant que j'étais en restriction et dans une phase anorexique monstre ? Ne vous méprenez pas, un individu obèse peut être anorexique au même titre qu'un individu squelettique. Si leurs pensées sont comparables et que leurs manières d'agir sur le plan alimentaire présentent des similitudes, alors ils éprouvent la même souffrance (à différents degrés possiblement) et souffrent de la même maladie désarmante.

Ma seconde phase anorexique d'un mois et demi (de mi-septembre à fin octobre) a été plus virulente que la première, si cela est envisageable, mais courte (les crises ne se faisaient pas attendre cette fois-ci). La souffrance éprouvée était derechef insurmontable et la clinique fut mon refuge.

Chapitre 9
Le désespoir

7 octobre 2021

La semaine dernière, j'ai fait une mini crise jeudi et j'ai, le soir, décidé de manger une pizza. La culpabilité fut telle que je n'ai rien avalé au cours des 48 h qui ont suivi. Le pire, c'est que j'en suis fière. Aujourd'hui, après une crise plus virulente, je rêverais de ne rien manger pendant une semaine. Je ne peux pas, je suis surveillée. Et j'en suis incapable.

Je prie pour que cette crise soit la dernière et que je ne reparte pas dans les crises alimentaires qui m'ont tant abîmé ces derniers mois. Car il me reste encore 10 kg à perdre et c'est un long chemin de restriction qui m'attend pendant les semaines à suivre si je veux y parvenir. Pitié, faites que j'en sois digne. Je sais que ce n'est pas la bonne solution et que ce n'est que rentrer un peu plus dans la maladie, mais je n'y peux rien.

Aujourd'hui, la maladie n'a jamais été aussi forte : anorexie, boulimie, hyperphagie… toutes les phases ont été combinées et se sont alliées pour me pourrir davantage : hyperphagie alimentaire, suivie de boulimie vomitive (un peu vomir, mais pas vraiment « réussi »), puis mâchage-recrachage et enfin restriction sur la fin de la journée (qui, j'espère [à l'heure actuelle] s'éternisera sur de longs jours pour que je reprenne le contrôle, car je veux que l'anorexie reprenne le contrôle et surtout pas l'hyperphagie).

Chapitre 10
La descente aux enfers

14 octobre 2021

Je n'en puis plus, je vais lâcher. J'ai eu deux crises hier et aujourd'hui. Hier, après quatre jours de restriction virulente (pas de prise alimentaire pendant presque 72 h) j'ai pris 300 g. J'ai failli me décomposer en regardant ce chiffre mercredi matin, le désespoir est venu me cueillir et me poignarder au plus profond de mon âme. Des pleurs incessants, des déchirures intérieures et des fermetures éclair de vêtements broyées. Je ne m'étends plus sur les soins, sur les douleurs de ces derniers mois qui ont été d'une pénibilité inégalée pour ma part, sur les crises d'un monstre qui continue de répandre son venin encore aujourd'hui.

Une crise a suivi cette déception. Même en cours, je ne pouvais retenir mes larmes qui coulaient sur mes joues. Pauvre enfant, incapable.

Il fallait que je voie mes parents, je ne savais pas pourquoi, mais ma dernière carte à jouer était celle-ci. J'en avais besoin.

À la fin de mon cours 19 h mercredi, me voilà sautant dans un avion, direction Nice. Pour 24 h.

J'étais en si forte détresse (nous sommes le lendemain et ma détresse n'est pas moins élevée). Puis, voilà jeudi, je commence à manger, ne plus m'arrêter. Nous connaissons bien la chanson. Le soir arrive et je prends un sandwich à deux doigts d'exploser dans mon jean déjà, mais je le mange et puis j'ai mal… j'ai si mal. À l'intérieur j'ai mal, parce que je sais ce que je vais devoir faire pour perdre les 10 kg qu'il me reste et mal extérieurement, car douleurs au ventre.

J'ai mal, j'ai si mal. Mal partout. Je suis détruite. Détruisez-moi. Détruisez ce qu'il reste de moi.

Au fond, je sais que la restriction comme ne pas manger pendant des jours n'est pas la solution, voire l'anti-solution, car elle me fait prendre du poids plutôt que d'en perdre j'en ai la preuve. D'un point de vue physiologique, je le conçois, je stocke les jours où je mange et je ne perds donc rien pendant que je ne mange pas. Donc inutile. Je vais vraiment essayer de manger tous les jours et de ne pas avoir de crise. Mais voilà, la maladie est là et je n'y peux rien. Pitié lâche moi. Laissez-moi respirer, tous autant que vous êtes. J'étouffe.

Chapitre 11
Vers la voie de la guérison

21 octobre 2021

Les deux dernières semaines furent parsemées d'embûches, furent réfléchies longuement et puissamment. Je ne pouvais plus contrôler ce que je faisais, j'étais hors de contrôle et tout était en dehors de ma portée. Le travail était pour moi une étape insurmontable, j'abandonnais petit à petit ce qui faisait de moi la personne que j'étais.

Les faits étaient simples : des crises journalières sans précédent me hantaient et plus j'étais embarquée dans le côté obscur, plus le phénomène se renforçait. Les pleurs et le désespoir dus aux crises m'empêchaient de travailler à l'aube des partiels. Impossible de me contraindre à quoi que ce soit. Impossible de lire même un cours.

Puis vint le moment de réfléchir réellement à la situation, comment en sortir, de quel problème faut-il s'occuper. Mais plus les jours du week-end passaient, plus la réflexion devint claire. Je n'avais que peu de doutes sur mes convictions. Je savais qu'il fallait que ma santé mentale aille mieux, que je guérisse vraiment avant de penser au travail que je devais fournir pour mes études. Cependant, mon esprit tourmenté n'acceptait pas d'envisager l'arrêt des études, comment le pourrais-je ? Comment peut-on abandonner, nous ne sommes pas aussi faibles ?

C'est avec de multiples crises au cours du même week-end que la limpidité de ma réflexion jaillit enfin. Je ne pouvais pas faire autrement.

Ma décision était prise en un week-end. Il fallait que je retourne en clinique et vite pour arrêter le processus et guérir enfin, ce que j'aurais dû faire la dernière fois, mais que je n'ai pas eu le courage de terminer. La maladie m'appelait encore à la sortie et je n'aurais jamais dû la laisser gagner.

Cette fois-ci, c'est clair, je ne commettrai pas la même erreur. Aller en clinique pour guérir enfin du trouble, le laisser me quitter pour de bon et ne jamais revenir me hanter, ne jamais me gâcher la vie comme il a pu le faire depuis 1 an et demi.

Je signais mon arrêt de l'année en cours. L'organisation a plutôt été concluante à dauphine, ils m'ont laissé étaler mon année sur deux ans afin de passer les partiels que je souhaitais cette année et les autres l'année prochaine. Je pouvais ainsi aisément me concentrer sur ma santé et revenir préparée à surmonter le système scolaire que j'avais lâché.

Me voilà le 25 octobre 2021 de retour à la clinique avec comme espoir de ne plus jamais y revenir, de partir de ce lieu en me sentant mieux dans ma tête et prête à affronter les nouveaux défis que la vie décidera de mettre sur mon chemin. Si une partie de moi résiste encore, c'est que la guérison me paraît une utopie alléchante, mais bien irréelle. Puisses mes pensées être condamnées sous peu.

Chapitre 12
Pas si simple

18 novembre 2021, presque quatre semaines sont passées depuis mon retour sur site. J'ai tenté de ne pas rechuter, mais l'appel de la maladie fut bien trop fort, je me suis mise en restriction (pas finir mes plateaux : pas de pain et pas finir mes plats en entier) afin de perdre rapidement. Cette technique a fonctionné et aucune envie de crise qui plus est. Je pensais m'être tirée d'affaire jusqu'à ce mardi 16 novembre, le tournant.

Nouveau dispositif m'obligeant à terminer mes plateaux dans leur totalité sous peine d'un CNO (300 kcal) et peu importe que je prenne du poids, que je n'en perde plus, ce serait de ma responsabilité.

Terminer les plateaux pour moi c'est mission impossible surtout le pain, je n'y arrive pas. On me scrute pour que je n'en laisse plus une bouchée alors que ce sont 300 kcal qui pourraient être évitées sur la journée et me faire un peu perdre.

Depuis que je mange tous mes plateaux, non seulement je ne perds plus, mais de surcroît, j'ai pris 100 g. Merci la stratégie de « perte lente ». C'est plutôt une « prise lente ». Je ne suis pas venue pour prendre du poids, j'en ai déjà assez à enlever merci bien.

En outre, la barre des 60 kg n'est toujours pas franchie, je n'en puis plus. Depuis mai, je suis au-dessus des 60 et psychologiquement, la dizaine du dessous me ferait du bien.

Enfin, pour perdre mes kilos restants si je dois manger ainsi, je vais stagner pendant des années avant de les perdre et je n'ai pas le temps, je ne veux pas.

Si la semaine prochaine je n'ai toujours pas bougé, je demanderai à réduire à peine les apports simplement pour perdre un peu parce qu'au niveau du moral je ne vais pas pouvoir tenir ainsi, cela me pèse trop, sans mauvais jeu de mots.

Chapitre 13
Les soins en demi-teinte

10 décembre 2021, je suis chez moi, il est 14 h.

Ce dernier mardi a été le pire pour moi, je n'ai pas réussi à terminer ma tarte poire-amande (j'avais déjà réussi à jeter la moitié dans la poubelle comme ma copine), mais il me restait seulement 1/5 dans l'assiette officiellement. L'aide-soignante me répétait : « tu veux qu'on arrête ? » j'étais perplexe. Je ne savais pas si je devais accepter. Elle me pressait donc j'ai fini par céder. 30 minutes plus tard, alors qu'E était en rendez-vous avec notre psy, l'aide-soignante monte me voir dans ma chambre et me demande comment je vais et commence par me féliciter pour mes efforts, car le repas a été compliqué, ce qu'elle a pu observer. Elle me répète que le repas était gras et sucré et que j'ai vaincu ma peur en finissant mon plat et presque mon dessert. Cependant, elle m'a dit « et puis pour la fin de la tarte, ne vous inquiétez pas, on va pallier ça avec un CNO ».

Mon monde s'effondre. Un CNO. 300 kcal pour 1/5 de tarte, des calories que je vais ingérer qui vont me faire grossir c'est tellement injuste. Je me mets à pleurer.

Elle me rétorque : « ça sert à rien de pleurer, faut pas pleurer ». CONNASSE.

Je me retrouve seule dans ma chambre à faire défiler ma vie devant moi et à me questionner sur comment j'ai pu en arriver là. Puis 10 minutes plus tard, E m'annonce que c'est notre Psy qui a donné l'ordre pour notre CNO et là j'enrage. Comment a-t-elle pu ?

Plus tard dans la soirée on vient me donner la fameuse boisson calorique, sans surveillance… elle finit dans les toilettes et je ne l'ai jamais bue.

Revenons à aujourd'hui.

J'ai demandé une permission pour midi, soi-disant pour manger avec une copine au restaurant. Sauf que c'est la première fois que ma psy m'a demandé de lui prendre des photos, et là comment faire. Chaque fois je mens, je sors pour ne pas manger. Mais cette fois-ci, je suis coincée.

Plusieurs options tournent dans ma tête : faut-il dire la vérité ? Non, bien trop risqué, je pourrais ne plus jamais avoir de perm… faut-il aller manger là-bas ? Non, mais je ne veux surtout pas manger… alors, comment faire ?

J'ai élaboré tout un plan dans ma tête.

Plutôt que d'aller dans ce fameux restaurant, je vais raconter que ma copine, alors en pleine révision à dauphine n'a pas beaucoup de temps à midi donc je lui ai proposé de manger chez moi plutôt que de traverser tout Paris (plausible ?). Mais je voulais quand même manger la nourriture du restaurant et pas celle de chez moi… ainsi, je commande la nourriture du restaurant. Je suis allée jusqu'à commander sur deliveroo un plat et un dessert (23 €), prendre des photos de moi avec ces derniers comme si c'était une copine qui prenait des photos de moi pour aller au bout du mensonge afin de ne pas manger… et évidemment une fois les photos prises, je ne touche pas à une miette de ce que j'ai commandé à manger.

Je pense que je suis totalement folle. J'ai un sérieux problème.

C'est très grave de faire ça. Des gens meurent de faim et moi je commande à manger et je prends en photo pour ne rien manger par la suite tout ça pour faire croire que je mange ? Mais réveille-toi, Lena !

Chapitre 14
La rechute

20 janvier 2022, première crise depuis 3 mois. Je me sens si nulle, je pensais que j'allais mieux, que plus jamais une crise ne surviendrait, que je pouvais faire face, que j'avais vaincu la maladie pour de bon. Que nenni ! Je commence à peine le séquentiel, et le premier jour une crise apparaît, c'est une défaite que je ne peux mesurer. Je n'ai pas assez mangé la veille, c'est une certitude, cependant ce n'est pas l'unique raison… l'émotionnel y est pour beaucoup. En effet, je vais commencer à donner des cours et cela me panique, je sens que je ne suis pas à la hauteur de le faire, de surcroît je pense que je devais me prouver d'une certaine manière que j'étais encore malade et que ça n'allait toujours pas. Je me sens abandonnée, on pense que je suis guérie, que je vais bien, que j'ai fourni des efforts incommensurables et je sais que cela me fait peur… c'est ma manière de dire : non, ce n'est pas fini…

Je vais prendre du poids, cela me tue d'avance intérieurement, je ne sais pas comment les prochains jours vont se dérouler, mais je m'inquiète, car une crise en appelle une autre.

Enfin, avant la crise, je n'étais qu'à 3 kg de mon poids cible et je sais que mes efforts sont réduits à néant en une journée, je ne peux me le pardonner.

13 février 2022, la rechute continue et redouble d'efforts. En effet, je fais beaucoup de crises de yaourts et pommes qui ne me font pas prendre du poids ou à peine, car peu caloriques, mais je sais qu'au

fond ces crises ne sont pas normales, elles cachent quelque chose. Cette attitude alimentaire est anormale. Elle se multiplie alors qu'elle avait stoppé depuis longtemps. Que m'arrive-t-il ?

Aujourd'hui nouvelle grosse crise en plusieurs étapes : yaourts et pommes à midi, puis le soir avec 2 repas et enfin j'ai commandé à 2 reprises dans la nuit vers 1 h et 2 h du matin des produits sucrés pour les dévorer tel un vampire assoiffé de sang. Je me dégoûte. Je vais prendre je ne sais combien de kilos. Je n'en peux plus. Pour reperdre ce que j'ai pris aujourd'hui il va me falloir au moins huit jours… et comme je fais des crises souvent j'ai si peur de retomber encore. Je pense que je vais demander (on est dimanche) à retourner à la clinique vendredi soir au lieu de dimanche prochain pour passer un peu plus de temps là-bas et être dans un cadre, éviter de faire des crises même en ayant des perms. Je ne peux plus supporter tout ça. Je veux que cela cesse. Il est actuellement 5 h 30 du matin et j'ai trop mal au ventre pour dormir, je me morfonds dans ma douleur physique et psychologique, je me demande encore ce qui m'a poussé à commettre ce crime. Pour celui d'aujourd'hui il me paraît que c'est une accumulation d'une part, mais également j'ai eu un premier cours de maths avec une élève de première ce jour or, à trois reprises, je n'ai pas vu des fautes qu'elle avait commises à cause de mon inattention et je n'arrive pas à me pardonner le fait qu'on puisse me voir comme imparfaite. Je n'ai pas su tout voir directement, j'ai corrigé des choses à la dernière minute, elle a même corrigé quelque chose que je n'avais pas vu… je sais que cela arrive à tout le monde, mais pour moi c'est un échec si insupportable que c'est un coup de poignard dans mon cœur. Je n'ai comme pas réussi à me relever d'une chute vertigineuse. J'ai peur qu'elle ne me recontacte plus, car elle m'a trouvée nulle, incompétente, incapable d'expliquer… j'étais terrifiée. Cela a beaucoup joué.

Chapitre 15
La seconde sortie

22 février 2022

6 mois après mon admission dans cette clinique, dont 4 mois et demi d'hospitalisation et de prise en charge… mais où en suis-je ? Je suis sortie définitivement aujourd'hui de la clinique, et je me fais la promesse solennelle que jamais plus je n'y retournerai. Un chemin est encore à parcourir à l'extérieur, car certaines peurs persistent et l'image que j'ai de mon corps n'a pas réellement évolué. Désormais, le plus dur reste à faire : savoir m'alimenter normalement, en proportions suffisantes, sans culpabiliser et sans faire de crises. Tout ceci m'angoisse quelque peu, mais je me sens d'y faire face et je suis armée pour.

J'ai décidé de sortir dimanche dernier lorsque j'arpentais les rues de Garches afin de me rendre une énième fois à la clinique. Je n'avais réellement pas envie d'y retourner, je voulais simplement rester chez moi. C'est ainsi que j'ai compris que j'étais prête à franchir le pas que je redoutais. En outre, en arrivant ce soir-là : stupéfaction ! Déprime générale d'une majorité des filles présentes en TCA, qu'elles soient nouvelles ou anciennes (en l'occurrence, les anciennes se tiraient mutuellement vers le bas et attiraient beaucoup de négativité en raison de leurs mal-être respectifs). Mon moral qui était assez haut au demeurant, s'est mis à chuter brusquement ainsi que ceux des autres filles étant en séquentiel (nous étions dans un meilleur état chez nous qu'en revenant avec cette atmosphère morbide et toxique).

Ceci m'a conforté dans l'idée qu'il fallait que je me sauve, et ce, le plus rapidement possible.

Nous sommes le 22 février 2022, et je commence aujourd'hui à écrire une nouvelle page de ma vie en refermant, je l'espère, un long et tumultueux chapitre.

Partie IV
Stagnation dans la douleur

Chapitre 16
Les soins ne mènent à rien

24 février 2022

Voilà seulement deux jours que j'ai rejoint mon domicile et une crise est déjà survenue aujourd'hui. J'ai pensé à faire cette crise depuis ce midi, je l'ai repoussée, mais en vain, elle me restait dans la tête et je ne pouvais m'en défaire. Je savais qu'elle était irrépressible. Je me suis demandé si je devais avertir Cyril à plusieurs reprises, pour essayer d'éviter de faire la crise quand je rentrerais chez moi le soir venu, mais je n'ai même pas réussi à le faire. Je suis trop nulle. Même cela je n'y suis pas arrivée et c'était pourtant simple à faire, je n'étais même pas sur le point de faire ma crise, c'était des heures avant que cela commence.

J'ai mangé une pizza, un pot de glace Ben & Jerry's, un paquet d'Oreos, deux paquets de cookies et la moitié d'un paquet de céréales. Je crois que je vais vomir littéralement. Comme d'habitude, je sais que je vais le regretter pendant au moins une semaine, je sais que je vais me morfondre, je sais que je vais culpabiliser, je sais que je vais tenter de me restreindre et que ce ne sera pas la solution, mais ce qui me préoccupe le plus c'est que mes crises deviennent de plus en plus rapprochées alors qu'elles s'éloignaient. En outre, aujourd'hui je ne comprends réellement pas le déclenchement de la crise : j'avais juste dans la tête que je voulais faire une crise depuis ce midi, mais je n'arrive pas à trouver de raison, je n'étais pas stressée et je n'avais aucune émotion négative. Cela m'angoisse terriblement.

J'ai si peur de retomber dans un cercle infernal de crises de boulimie répétées. C'est tout bonnement l'enfer.

27 février

Nouvelle crise abominable, je retombe. Je m'étais mise en restriction pendant trois jours et voilà le résultat. J'avais entendu la conversation téléphonique entre le père de Cyril et lui-même, il lui disait : « la grosse, qui a arrêté les études… la manipulatrice, elle te mène à la baguette ». La régurgitation était proche comme d'habitude. Sauvez-moi.

3 mars

Encore une crise pour changer. Enfin une… j'ai fait 4 crises toute la nuit, je n'ai même pas dormi, je n'ai fait que commander à manger puis commander à nouveau. Je suis dans un désespoir tel, je ne pourrais même pas décrire. Je pourrais mourir de honte, de tristesse, mourir tout court, car la vie n'a plus de goût si ce n'est un goût amer et détestable. Je veux juste mourir. Je veux mourir. Je veux mourir.

4 mars

Parce que quand il n'y en a plus, il y en a encore. Je n'ai pas arrêté de faire des crises depuis hier soir 23 h. Je n'ai que commandé à manger puis dévoré tout ce que j'avais sélectionné. J'ai dû m'empiffrer avec un nombre incalculable de sucreries en tout genre, je n'ai jamais connu de pareille crise. D'habitude, je suis tellement dégoûtée de la nourriture et au bord du gouffre que le lendemain je ne mange presque rien alors que là j'ai mangé continuellement. Je suis comme dans un état second. J'ai envie de vomir, mais surtout d'abandonner le combat et c'est ça qui me fait le plus peur. Je me sens tellement impuissante et prise dans ce tourbillon qui s'acharne sur moi que je me laisse faire. Je me laisse subir tout ce que je mérite sans même essayer de l'empêcher. Je n'ai plus la force de combattre la maladie, je la laisse gagner. Elle est trop forte pour moi, elle me détruit. Le seul moyen de la détruire c'est de me détruire moi-même.

Dans toute ma souffrance, le seul moment de la journée où je n'étais pas torturée par toutes les pensées envahissantes, c'était pendant le cours de maths que je donnais. J'étais juste heureuse de le faire, je me sentais bien, utile, j'aimais ce que je faisais et c'était comme si plus rien n'avait d'importance, comme si pour un temps la maladie n'existait pas.

Je passe ma journée à manger, pleurer, errer, et tout cela sans une once d'émotion, il me semble. Même quand je pleure, c'est seulement que mes nerfs lâchent, mais au fond je ne ressens plus rien. Je suis tellement atteinte, que plus rien ne peut m'atteindre. Je suis un bloc de marbre face à l'adversité, une armoire à glace fermée à double tour. Pour le dire vulgairement, franchement la vie c'est trop de la merde j'ai hâte qu'elle se termine pour que mes souffrances s'arrêtent.

Cyril est venu ce soir, jamais de ma vie je n'oublierai ce qu'il aura fait pour moi. Il me comprend, me chérit, me câline et me guide, il est porteur d'un espoir qui ne pouvait jamais renaître après une sombre journée. Pitié, faites qu'il puisse m'aider dans les semaines qui arrivent, je vous en supplie, pour une fois que ça marche… enfin.

Chapitre 17
Il y a urgence(s) !

18 mars 2022

Des avalanches de crises se sont succédé depuis le 4 mars. Avec Cyril, nous avons tenté de pallier la boulimie une bonne fois pour toutes et je dois admettre que l'idée fut convaincante sur le papier. Pendant une semaine, nous faisions les menus ensemble et tentions de faire un programme alimentaire pour augmenter les calories semaine après semaine. La première fut à 1100 calories par jour (ce qui pour moi me semblait déjà gargantuesque puisqu'entre les crises je ne dépassais plus les 700-800 calories).

Je me suis pliée à l'augmentation, en raison du désespoir qui me gagnait avec les crises.

Une semaine passa sans crise, je pensais enfin m'en sortir… que nenni. Au bout de sept jours révolus, CRAC ! Un nouvel échec. Une crise qui s'est effectuée sur deux jours d'affilé.

Je vais tenter d'expliquer le déroulement de cette crise si particulière. Comme à mon habitude lorsqu'une envie de crise survient, j'avais tout organisé. Cyril n'était pas là et je pouvais tout commander ou aller acheter. Ce que je fis. Au beau milieu de ma crise, alors que ce n'était qu'une petite encore, Cyril monte à l'appartement, car je lui avoue mon crime.

Il reste auprès de moi, ce qui semble me rassurer en premier lieu, puis vint l'envie de terminer ma crise, car j'avais été stoppée net. Je voulais l'inciter à partir, il restait, car il savait quel était mon but. Des heures durant, j'essayais d'éviter l'inévitable par des distractions… parler, essayer de dormir, regarder une série. Mais rien n'y faisait, mon envie de crise augmentait en flèche puisque je n'avais pas assouvi l'entièreté de celle-ci. Je demandais avec insistance à mon amour de me laisser tranquille, je lui répétais que je devais faire ma crise, car j'étais dans un profond désarroi. Il ne voulait rien entendre par peur que je lui reproche de m'avoir laissé succomber le lendemain, ce que je comprends entièrement.

Sur le moment, mon envie me dépassait et nous argumentions sévèrement. J'étais dans une colère inégalée et je le regardais avec des yeux noirs, remplis de haine, je n'étais plus moi-même, mais j'avais laissé place à la maladie qui me contrôlait. Mon animosité grandissait dangereusement et il ne savait que faire, mais il décida de ne pas céder à la maladie.

Il me proposa d'aller marcher, certes à quatre heures du matin, étant résolu à toujours m'interdire ma crise. Nous fîmes comme convenu, puisque pendant deux heures j'avais tenté en vain de passer outre mon envie. Pendant la marche, je continuais d'être exécrable, mauvaise et sournoise. Je n'attendais que de rentrer et réussir à faire ma crise. Mon courroux était inébranlable, je n'avais jamais ressenti une telle sensation de frustration. Nous rentrâmes et il n'avait d'autre choix que de me laisser faire ma crise enfin, au vu de mon état sauvage. Il partit vers cinq heures et je pus continuer ma crise, me jetant comme un ogre sur la nourriture. La frustration avait été telle que la crise en fut pire.

Je me suis endormie pleine et ma colère envolée, une culpabilité absente étrangement.

Le lendemain matin, je partis pour donner des cours. Mon envie de crise, bien qu'assouvie quelques heures plus tôt, revint au galop. La frustration énorme de la veille a été responsable de cette nouvelle crise. Entre deux cours, je suis allée acheter des denrées alimentaires puis je les ai mangées en chemin. Ma crise avait déjà commencé bien qu'aux yeux de tous… c'était la première fois que j'exposais ma crise devant quiconque. Je suis rentrée et ai directement fait une crise immense pour compenser ma frustration de la veille. La culpabilité n'était même plus là, comme si j'étais vide de sentiments.

Le jour suivant cette deuxième crise, nous voilà repartis sur des bases rassurantes avec un plan alimentaire à 1200 calories pour cette nouvelle semaine. La première journée fut un succès, mais la deuxième un lamentable échec. Nous étions le 14 mars. Deux ans après mon abus sexuel jour pour jour, je ne crois pas aux coïncidences, mais aux évidences.

Cette crise fut redoutable puisque cette fois-ci j'avais même annulé un cours pour la faire et attendu que Cyril aille au foot. J'étais dans un état épouvantable. Et je commis un geste à la fin de la crise, peu réfléchi, mais instinctif. Le pire c'est que quelques jours après alors que j'écris ces lignes, je ne le regrette point. J'ai cherché des médicaments chez moi, je n'avais pas de doliprane, mais du Prazépam (anxiolytique). La dose maximale recommandée par jour est 55 mg à ne surtout pas prendre en une fois, mais bien à espacer au cours de la journée. J'en ai pris 70 mg en une fraction de seconde et j'ai enchaîné avec mes 100 mg de sertraline (antidépresseur) quotidiens. Je ne pense pas que j'avais le courage d'en finir bien que ça m'ait traversé l'esprit, mais je voulais souffrir, appeler au secours et surtout me shooter pour oublier mes souffrances.

Cyril arriva et vit que je n'étais pas bien, j'étais simplement au bout du rouleau avec ma dernière crise. Mais dans les dix minutes suivantes, je commençais à divaguer et à être épuisée physiquement. Je lui avouai tout. Il ne savait pas quoi faire et il appela mes parents, paniqués à leur tour. Je ne vois pas pourquoi ils étaient dans un état pareil, je ne risquais de mourir en aucun cas, ce n'était pas si dangereux. Ma mère voulut appeler le SAMU pour que j'aille à l'hôpital faire un lavage d'estomac pour enlever le produit toxique. Quinze minutes plus tard, nous voilà dans un véhicule de pompiers en direction des urgences d'Ambroise Paré. Je ne savais plus vraiment où j'étais ni ce qui m'arrivait, mais j'étais consciente tout de même. En arrivant aux urgences, il était trop tard pour me faire un lavage (j'aurais tellement voulu afin de pouvoir vomir la crise en réalité), mais la dose n'était certainement pas létale, donc qu'importe. Ils m'ont placée sur un brancard et m'ont posé un cathéter. J'avoue ne pas me souvenir de beaucoup d'évènements à partir de ce point puisqu'à moitié inconsciente.

Ils devaient me garder sous surveillance une nuit durant, et je n'arrivais pas à fermer l'œil tant une dame âgée criait de l'aider. De plus, le cathéter me faisait mal alors j'ai décidé de l'arracher volontairement, mais j'ai répandu énormément de sang sur mes draps, je ne savais pas que cela se passerait ainsi. La nuit passa et je réussis à trouver le sommeil « grâce » à ma surdose de médicaments.

À mon réveil, Cyril a pu venir, il me manquait terriblement et était très inquiet pour moi, mais rassuré de voir que j'allais bien. Mes parents sont arrivés une heure après, ayant pris l'avion au soleil levant.

Si mon geste s'est réalisé le 14 mars, ce n'est pas un hasard, je le répète. Je faisais quelques cauchemars dans lesquels on voulait me violer les jours précédents et j'avais également des plaques rouges comme deux ans auparavant… anodin ? Mes parents étaient déterminés à le faire payer, mais je ne voulais pas, du moins, pas physiquement. Je pense toujours aujourd'hui que je n'ai pas subi un viol, mais une petite agression… j'ai dit non certes, mais 15 minutes avant l'acte et quand il est revenu vers moi je n'ai pas empêché la suite de se produire. Cependant, il ne m'a pas demandé à nouveau mon opinion et lorsque je lui faisais part de ma douleur physique au cours du rapport, il faisait plus doucement pendant quelques secondes avant « d'oublier » ce que je venais de dire. À ma tête, on pouvait voir que je souffrais, mais il n'en fit rien. Je reste donc perplexe quant à ce sujet délicat.

Toujours aux urgences le matin du 15 mars, une seule solution : revenir à Garches immédiatement ce que j'avais déjà organisé la veille (je ne m'en sortais plus à l'extérieur et je voulais rester environ 3 semaines pour arrêter l'engrenage des crises et faire les réintroductions pour qu'à la sortie je continue exactement le protocole avec l'aide de mon compagnon). Je fus transférée à la clinique dans l'après-midi et me voilà repartie pour un séjour alors que je m'étais juré de ne plus y revenir. Quel échec lamentable !

Nous sommes le 18 mars, je suis à la clinique et je n'ai pas eu de crise depuis 4 jours (ce n'est pas grand-chose, mais c'est déjà apaisant). J'arrive à manger les plateaux et je compte bien réintroduire jusqu'à 1800 calories, car, bien que détestant mon poids/apparence physique actuelle, je hais bien plus les crises et la détresse qu'elles m'apportent. Je veux toujours autant faire 52 kg, je pense me sentir « pas trop mal » à ce poids cible convenu, mais hors de question de rester à 56 kg… je ne le supporterai pas. Logiquement, je devrais descendre progressivement avec 1800 calories par jour, mais cela se fera sur quelques mois et j'ai un mal fou à l'accepter, mais je m'y plierai coûte que coûte. Si je veux perdre plus vite, je baisserai mes apports et les crises surgiront à nouveau, ce qui me desservira puisqu'elles augmenteront mon poids en flèche, ce qui est l'inverse du but… c'est le principe de mon anorexie binge-purge (anorexie-hyperphagie).

J'ai à nouveau espoir, mais le plus dur reste d'accepter de ne perdre que sur une longue durée et par voie de conséquent, garder ce corps affreux pendant une certaine durée indéterminée. Je continuerai à me battre et j'ai peut-être perdu des batailles, mais je vais gagner cette guerre.

Chapitre 18
La vie d'avant

30 mars 2022, c'est la nuit, il fait noir et l'ambiance est froide à la clinique. Les oiseaux grésillent dehors, et je peine à trouver le sommeil. Quelques jours auparavant, la pesée m'avait retourné la tête et je ne parvenais pas à passer outre. Un moment d'égarement et deux laxatifs furent ingérés par ma personne. Cela s'apparente davantage à de la boulimie qu'à de l'hyperphagie, car j'ai utilisé un moyen compensatoire. Cependant, lorsqu'entre les crises je suis en restriction massive, nous pouvons également affirmer qu'il s'agit d'un comportement compensatoire et donc de la boulimie même sans vomissements. Je voulais éliminer tout ce que je pouvais. Cela a bien marché, même trop. Concernant le poids, il est descendu artificiellement, mais ce n'est qu'une question de temps avant que le corps ne reprenne ses droits et formes disgracieuses.

Les temps sont durs, les réintroductions de desserts et cookies cette semaine me mènent au bord du précipice. C'est insoutenable. Et pourtant, quel choix alternatif ai-je ? Aucun. Je dois aussi accepter rationnellement qu'être bien dans mon corps ne dépend pas du poids que je fais sur une balance. Une chose est de le concevoir, une autre est de le croire, une dernière est de l'intégrer émotionnellement. Je ne suis pas à l'étape première de déconstruction. Je n'y parviens guère. Mes pensées m'obsèdent tant qu'une remise en question interne de mes croyances m'est laborieux.

Ce soir, je regarde d'anciennes photos, et je ne peux m'empêcher de penser à cette jeune fille, pleine de vie, ayant soif d'aventures, ne craignant pas d'affronter les obstacles, ambitieuse, quoique perfectionniste à l'extrême, joyeuse parce que ne se pesant jamais. Pourquoi se peser ? Le poids ne nous définit pas, un chiffre ne nous définit pas comme ce que l'on veut nous faire admettre au cours de notre scolarité. La jeune fille ne semble pas préoccupée par son poids, cependant dérangée par son apparence. Elle mange ce dont elle a envie, sans se préoccuper des conséquences. Elle ne compte pas, elle ne contrôle pas, elle ne s'angoisse pas, elle ne s'affame pas, elle ne s'empiffre pas, elle ne s'aime pas, mais ne se déteste pas, elle ne pleure pas pour du sucré, elle va au restaurant sans se poser de questions, elle ne choisit pas ses repas à l'avance… elle vit pleinement.

Un jour, je serai libre à nouveau comme cette jeune fille, je l'envie. Elle est tout ce que je recherche, elle n'est pas envahie et submergée par des calories. Elle observe le monde avec des yeux pétillants, neufs et en bonne santé. Elle ne scrute pas ses cuisses ni son ventre chaque matin et soir pour voir si un changement physique s'est opéré. Elle vit.

Je voudrais savoir comment elle est parvenue à s'affranchir des diktats et phobies qui m'animent. Je lui implore de me guider, je me rapproche, mais elle est encore loin, ma vision est trouble. Je ne peux entrevoir qu'une silhouette.

La forme de son enveloppe corporelle se dessine, j'avance d'un pas assuré.

Stupéfaite, je m'arrête net devant elle. C'est moi, j'ai 17 ans.

Chapitre 19
On croit toujours que c'est la fin

17 avril 2022, 5 h

Cela fait un mois que je n'ai pas eu de crise, et comme toujours, je me dis que tout ira mieux et que j'ai compris. Une nouvelle fois, la maladie me frappe en plein cœur et m'achève. Aujourd'hui, j'ai mangé à midi chez L et N, mais je n'ai pas vraiment réussi… n'étant pas surveillée ni obligée de manger, je me suis languie dans la restriction que je connais si bien avec cette petite voix : « ce n'est qu'une restriction, cela ne va rien changer ». Seulement voilà, le soir même j'en paye déjà les conséquences : une crise sans précédent. J'ai si honte. Je vais encore grossir alors que je ne supporte déjà pas ce corps-là. C'est insoutenable. Je me sens vide à l'intérieur et pourtant si remplie en surface. Je suis un être abject.

La seule leçon que j'ai à tirer de cette crise, c'est le fait qu'une seule restriction suffit à tout foutre en l'air, à déclencher une crise, à basculer de nouveau… pour 500 calories évitées à un repas, j'en prends 4000 le soir même en faisant une crise. Est-ce vraiment rentable ?

Vais-je pouvoir surmonter cette nouvelle épreuve ? Cette prise de poids affreuse ? Cet échec lamentable dont je devrais avoir davantage honte que j'en ai actuellement ? Comment avouer que j'ai pêché horriblement cette nuitée, sans perdre toute crédibilité de rétablissement ? Comment me regarder dans la glace les prochains jours, alors que déjà je peine à effacer le dégoût de ma forme « humaine » sans hyperphagie ?

La lutte me paraît interminable, l'horizon est lointain et perd en netteté ce soir. Les prochains jours, quant à eux, se dessinent et me présagent le pire : culpabilité, pleurs, désespoir, haine envers moi-même, dégoût, corps monstrueux et bombé. Néanmoins, je ne laisserai passer aucune restriction. Je l'ai désormais compris, aucun repas ne doit être restreint, c'est offrir un boulevard à la maladie. Se faisant un malin plaisir d'avoir réussi à me faire succomber à la tentation de me restreindre (ce qu'elle m'aura forcée à faire avec l'illusion que cette fois-ci je pourrais contrôler), elle jubilera lorsqu'elle verra qu'elle a l'opportunité de me punir pour mes faits. À chaque restriction, une crise. C'est une règle que je ne dois jamais outrepasser, un seul repas suffit à déclencher une crise et me détruire pour des jours entiers, mentalement et physiquement.

Il est 5 h 30 du matin, j'ai fait une crise pendant des heures, je ne peux fermer l'œil par peur de banaliser mes actions épouvantables, par angoisse d'oublier mon crime, par fidélité à ma maladie qui me pousse à me punir. Au demeurant, je ne souhaite pas réveiller mon père qui dort profondément, il ne parviendrait pas à me rassurer et serait certainement excédé de m'entendre me plaindre à cause de mes agissements, de mon poids et me dirait simplement que « ce n'est pas grave et que [je] dois [me] détacher du poids ». Sauf que si c'est grave, peut-être pas pour lui, mais pour moi. Je dois donc souffrir en silence et j'aimerais que Cyril soit à mes côtés, ou ma mère au moins, pour m'épauler et me comprendre. Je veux crier, je veux pleurer, je veux annuler tout ce que j'ai pu faire d'abominable aujourd'hui. Comment vais-je supporter cette nouvelle prise de masse graisseuse suite à cette crise ? Quelle solution ? Se relever et ne pas chuter davantage, mais y arriverai-je ?

Chapitre 20
Le deuil d'une amitié

21 avril 2022

Aujourd'hui, nouvelle crise malgré mes efforts constants pour manger 1700 calories par jour depuis la dernière (et depuis 1 mois qui plus est). Cela me retire le goût de vivre tout bonnement. Tous mes efforts sont réduits à néant, je ne peux même pas m'en vouloir pour une fois… rien à me reprocher, car j'ai tout respecté.

Néanmoins, aujourd'hui fut une journée éprouvante. Invitation de C, que je considère jusqu'alors comme ma meilleure amie, ou du moins celle dont je me sens la plus proche. Je redoutais notre entrevue en raison de son comportement récent : l'appétence d'un métier prenant, renommé quitte à y laisser sa santé (mentale). Ces approches ne me correspondent guère, encore moins maintenant. Je ne supportais plus ses discours sur les stages, sur les parcours professionnels avec les perspectives de carrières, d'augmentations.

Le courroux grandissait en moi, sans pouvoir l'exprimer. Toutes ses paroles m'angoissaient malgré moi, car elles me rappelaient que je n'étais rien. Mon cœur me soufflait que je l'aimais et que cela n'était qu'une phase, mais aujourd'hui je n'ai pu fermer les yeux, j'ai dû lever le voile sur ma cécité.

Ma meilleure amie telle que je l'ai connue n'est plus et ne sera plus. T l'a changée pour de bon. Je ne parvenais pas à me l'avouer et pourtant c'était inévitable. Sa perversion et sa sharkitude ne pouvaient que l'entraîner. Dorénavant, je dois faire le deuil de notre amitié passée. Mon mal-être n'est que fabulation pour elle (il me semble) et ma maladie la dépasse. Ma blessure est immense, je ne voulais qu'une chose c'est son départ alors qu'auparavant je chérissais tous les moments qui nous étaient offerts. Je m'en voulais de penser ainsi sur le moment et cette haine contre ses dires s'est retournée contre moi avec une crise affreuse. Je ne m'étendrai guère sur ce que j'ai ingurgité ce jour, mais tout de même, je me hais profondément. Je ne m'en sortirai pas, je le sais. À chaque difficulté, je fais une crise et je ne peux pas réagir autrement. Je suis minable. Honnêtement, c'est « pesant ». Manger 1700 calories et je continue à faire des crises semblables à celles que je faisais avec 500 calories ingérées… à quoi bon ? Retombons et obtenons le même résultat.

Chapitre 21
SOS angoisse

22 avril 2022

Hier soir, j'ai fait une énorme crise (je pense émotionnelle, car je ne me suis pas du tout mise en restriction depuis des semaines) et suite à cela mon mal au ventre était insoutenable, je ne faisais que pleurer de douleur et cela a enchaîné sur une énorme crise d'angoisse… je ne pouvais plus respirer et je pleurais en même temps, je suffoquais, je n'arrivais pas à me calmer. J'ai tenté de me réfugier au bord des toilettes pour tenter mon corps à effectuer un rejet (vomir), mais rien n'y faisait.

Je pensais que j'allais mourir tant la respiration était impossible. Cyril m'a mis un sac et me faisait respirer dedans, mais je suffoquais de plus belle. Aucune issue. Plus je pleurais, plus j'angoissais, moins je parvenais à respirer, plus cela renforçait mon angoisse, car je pensais à nouveau à la quantité de nourriture que je venais d'ingérer. Cyril m'a vue dans un état que je n'avais jamais vécu auparavant, j'en ai si honte.

Suite à cela, au bout d'une heure comme je ne pouvais plus reprendre ma respiration et que je pleurais encore tout le temps, Cyril a dû appeler SOS médecin qui sont venus pour me faire une piqûre pour la crise d'angoisse et pour le mal à l'estomac. Au fond de moi, je ne voulais qu'une chose c'est qu'ils me fassent vomir pour que cela soulage mon corps physiquement et psychologiquement (élimination des aliments). Ils ne l'ont pas fait. Le médecin m'a donné un soi-disant laxatif qui allait me faire une vidange, mais il n'a pas marché DU TOUT. Ceci m'a derechef enragé. C'est la raison pour laquelle j'ai pris deux laxatifs le lendemain matin. Actuellement, il est 22 h et ils n'ont pas fait effet non plus, je commence à mourir intérieurement, car je veux ÉLIMINER et rien n'y fait.

Si mon copain n'avait pas été là hier soir, j'aurais sans aucun doute pris des médicaments à outrance afin d'aller à l'hôpital et nécessiter un lavage d'estomac (ce qui aurait enlevé la nourriture également).

Nonobstant, aujourd'hui, je reprends une alimentation normale bien qu'étant totalement abattue et désespérée. Je n'arrive pas à passer outre cette crise, car je n'étais même pas en restriction donc c'est comme si mes efforts sur des semaines ne payaient pas. Je ne pense qu'aux kilos que je vais accumuler. Je vais me battre, mais au fond je ne crois plus en rien. Mon esprit est torturé, mon cœur déchiré, mon corps explosé.

Partie V
Enchaînements

Chapitre 22
Sans raison

29 avril 2022

Crise sans aucune raison valable. Cela ne faisait que 8 jours depuis la dernière alors que j'avais repris une alimentation des plus normales qui soient. 1800 calories par jour, sans tricher, je faisais tout bien et n'ai rien à me reprocher. C'est bien cela le problème, je ne peux pas me repentir. Ma crise est due au néant, comment vais-je en finir ? Je me pèse mardi, soit dans 4 jours, donc mon poids va être une horreur, j'ai envie de décéder d'avance. De plus, le poids des dernières crises n'avait pas été perdu… je rajoute encore du gras par-dessus. C'est un désastre. Pourquoi ai-je eu le besoin de faire cette crise ce soir ? Je n'en ai pas la moindre idée. L'envie est arrivée après le dîner, j'avais toujours « faim ». Je ne m'en sortirai jamais, je fais des crises alors même que je ne fais plus de restriction. Je lutte sans cesse, et ce pour aucun résultat. C'est pitoyable. Je suis pitoyable.

Mais aujourd'hui, c'était le dernier jour du stage de maths que j'effectuais avec 3 élèves. Un des trois avait d'énormes difficultés et m'a demandé à plusieurs reprises de lui expliquer les factorisations. Malgré maintes et maintes approches, il ne parvenait pas à résoudre les problèmes posés. Je me sentais impuissante, il me sollicitait et je n'étais même pas capable de lui venir en aide. Comment pourrais-je prétendre vouloir devenir professeur de maths si je n'aboutis pas à la compréhension de l'élève ? Je me sentais nulle, je me questionnais sur ma légitimité, je ne croyais plus en l'aide que je pouvais apporter à autrui.

Après la crise et la venue de mon meilleur confident, les mathématiques m'ont sauvée du désespoir. J'ai fait des factorisations à deux heures du matin, pendant une heure je dirais, et cela m'a apaisée.

Chapitre 23
Stress is a mess

2 mai 2022

Il s'est écoulé quelques jours depuis mon dernier usage de plume. Lorsque j'ai vu mon poids samedi matin, mes espérances, quoique très faibles, furent balayées. La boule de stress est revenue se loger dans mon estomac, le nouant si fort qu'il me criait que seule une avalanche de nourriture pourrait le soigner. Comme le chant des sirènes nous attire, se remplir ne nourriture nous paraît sur le moment une solution alléchante, bien que si malicieuse et perverse. Néanmoins, j'ai tenté de lutter. Je me suis distraite toute la journée, j'ai mangé comme il le fallait, mais la douleur quant au chiffre sur la balance du matin ne partait guère. Rien n'y faisait. Mes pensées s'entrechoquaient comme des électrons en mouvement autour du noyau d'un atome. Elles me répétaient que j'étais nulle, que je ne méritais ni la joie ni l'amour, que j'étais obèse, monstrueuse, repoussante, indigne, que je devais m'ôter la vie. Le jugement de ma personne fut tel qu'une crise dut le faire taire, provisoirement. C'était une nouvelle crise en deux jours seulement, je me sentais replonger et m'abandonner à la maladie définitivement. J'avais l'illusion sournoise que je n'étais plus en mesure d'en sortir, qu'il fallait mieux la laisser gagner, car elle était devenue trop forte pour une personne si faible. J'avais tort. C'était son but, c'était sa voix, et je ne la laisserai pas prendre possession de mes passions ni de mon âme.

Nonobstant, je ne pouvais éviter la pensée liée à l'amas graisseux qui allait s'accumuler, dû à la nouvelle crise... déjà que j'avais énormément pris les dernières semaines. Toutes mes dernières crises avaient un élément déclencheur précis :

– Peur du jugement et honte chez L et N ;

– Colère extrême, déception et deuil immense avec C. Sentiment d'être rejetée et non comprise ;

– Incapacité, sentiment de nullité, remise en question de mes compétences et dévalorisation de ma personne avec l'élève. Sentiment de rejet, car l'élève ne reconnaissait pas les efforts pour lui expliquer ;

– Anxiété et dégoût de mon enveloppe corporelle avec la pesée, d'où une dévalorisation (je suis énorme et donc ne vaut rien, je ne devrais pas être appréciée, je devrais mourir).

Certes, la gestion de mes émotions est la clé pour me libérer de mes chaînes, mais en amont des émotions négatives intenses, existe-t-il un moyen de décrédibiliser mes pensées voulant me faire souffrir ?

En effet, avant que le nœud dans mon ventre n'apparaisse, je ne cesse de me dévaloriser, de me juger négativement et de me haïr. Si je parviens à m'aimer (un peu) plus, mes émotions négatives seraient coupées à la racine et ne se décupleraient guère. Là est tout l'objectif des prochains jours, trouver l'amour de soi... un amour que je cherche depuis bientôt 22 ans. Il me faut critiquer toutes mes pensées qui me paraissent si justes et appropriées lorsqu'elles tournent dans mon esprit, ce n'est pas une mince affaire. Je dois trouver un moyen pour avoir confiance en la personne que je suis, il me faut le répéter et espérer peut-être un jour finir par y croire dur comme fer.

Chapitre 24
Restriction ou émotion ?

4 mai 2022

S'il m'a fallu un certain temps pour comprendre le réel problème, l'arrêt de la restriction m'en a fait prendre conscience pleinement. J'ai toujours eu la faiblesse de penser que dès lors que la restriction ne ferait plus partie de mon schéma mental (du moins, que la restriction ne pourrait plus être exercée physiquement bien que les pensées de restriction perturbent encore l'esprit), je serais sortie d'affaires. Bien plus, je me convainquais que la restriction n'était pas la forme, mais bien le fond qui jaillissait à la surface. Je faisais erreur, les crises persistent. En dépit d'une profonde détresse éprouvée lors des crises, celles-ci m'ont éduquée sur mes croyances et les ont déconstruites. En effet, la présence de crises d'hyperphagie souligne que la restriction n'était que la partie visible de l'iceberg. Certes, ne pas se restreindre est primordial, mais sous la mer il reste encore une montagne de glace à faire fondre. Si mon désir le plus absolu reste l'arrêt de ces crises destructrices, alors mon devoir est de faire face à ce que j'ai évité… l'énigme à résoudre est la suivante depuis aussi loin que je m'en souvienne :

Mon premier est un mot qui nous écartera de la cécité
Mon second est le deuxième nombre entier positif
Mon dernier est un luxueux textile pour le couchage
Mon tout a toujours été négatif et me nuit

Je vous laisse deviner ? La vision de soi.

Depuis ma tendre enfance, je n'ai cessé de me dévaloriser, de penser que j'étais nulle, inapte, laide, débile, incapable, GROSSE, moins bien que toutes les personnes qui croisaient mon chemin. C'est ainsi que ma confiance en soi n'a comme existence que le nom. Ne parlons même pas d'amour de soi, ce seraient des balivernes.

Si l'amas d'eau gelée doit entrer en fusion pour devenir liquide et enfin laisser libre cours à mon océan de pensées, alors je me dois d'entamer un travail pour savoir comment me penser autrement. J'ai du mal à croire que par la psychothérapie j'arriverais à me tolérer aisément, à me regarder dans le miroir sans un rejet presque automatique, à ne serait-ce que m'apprécier, à trouver mes qualités et ne plus me focaliser sur tous les aspects négatifs. Néanmoins, on ne peut pas savoir si l'on n'essaie pas. Je vais m'attaquer pour la première fois au problème qui me libèrera de mes chaînes et qui me présagera un avenir meilleur.

Chapitre 25
Un malaise qui me pèse

7 mai 2022

Nous nous rendons, Cyril, mon père et moi, à la finale de la coupe de France (match qui oppose Nice à Nantes). Une fois le résultat, quoique décevant, annoncé vers minuit, nous nous dirigeâmes vers un Burger King (Cyril avait faim bien qu'il ait déjà mangé vers 18 h et mon père n'avait pas mangé depuis 14 h). Mon copain prit un menu Large avec burger, frites et soda. Quant à mon père, il décida de se rabattre (par choix) sur un menu médium. Le repas me semblait pesant en raison de l'ambiance qui y régnait, mais derechef je me sentais abattue et mal à l'aise de voir mon père manger ainsi (ne pas terminer son repas, prendre le menu médium), car tout cela me rappelait la chère restriction que je peinais à quitter. Autrefois, je ne me penchais jamais sur son alimentation, mais maintenant, confrontée à celle-ci, je comprends tous ses faits et gestes et cela me révolte. J'ai beaucoup de mal à le regarder manger, car je sais ce qu'il se passe dans sa tête vis-à-vis de la nourriture.

Je lui en ai touché un mot plus tard, il m'a rétorqué qu'il comprenait, mais que ce soir-là il n'avait vraiment pas faim. Cependant, je la connais bien, cette phrase « je n'ai pas faim », c'est toujours une bonne excuse pour se convaincre qu'il ne faut manger telle ou telle chose… nous n'avons pas intérêt à la manger, car de toutes les façons nous n'en avons pas besoin, ni même l'envie… mais c'est la maladie qui parle et non notre corps, elle nous fait croire au sentiment de satiété prématuré, elle nous persuade que nous n'avons pas besoin de plus, elle nous dicte qu'un dessert serait de trop, que finir son repas serait de la folie, qu'il vaut mieux s'arrêter pour ne pas se sentir mal par la suite. Mais elle a tort, et mon père ne l'a pas suffisamment déconstruit pour arriver à cette conclusion si amère. Cher Papa, ce n'est pas toi qui dictes ta faim, c'est elle seule.

Chapitre 26
Quoi qu'on en dise, c'est une nouvelle crise

9 mai 2022

Nouvelle crise qui s'abat sur ma personne après un rendez-vous avec le docteur M le matin même. Il me disait de me confronter à toutes mes situations stressantes pour qu'elles deviennent banales : d'engager des élèves qui ne me trouvent pas à la hauteur pour que je sache me confronter au sentiment d'être nulle, de parler à C même si cela me fait peur pour le moment et que je juge la discussion inutile. En bref, le rendez-vous ne fut pas de tout repos, et me mit la boule au ventre que je connais par cœur désormais.

Néanmoins, après la crise, je n'étais pas dévastée. En réalité, tout me passait au-dessus et rien n'avait d'importance, c'était un non-évènement. Ce sentiment était étrange, car je n'avais jamais ressenti une aussi grande distance vis-à-vis d'une crise venant de se produire. Le lendemain ne fut pas si serein, je me suis mise à pleurer à de nombreuses reprises : cela ne m'étonnait guère, la réaction post-crise avait juste été retardée quelque peu. Je perdais une nouvelle fois espoir en ma guérison, au fait que je ne parviendrai jamais au poids voulu.

Chapitre 27
Quelle audace de prendre une glace !

16 mai 2022

Pour l'anniversaire de Cyril, nous avons décidé d'aller à la foire du Trône dans Paris afin de nous amuser. Bien que Cyril ait été terrorisé par tous les manèges, nous avons passé une belle journée. Vers 16 h, Cyril souhaitait prendre une glace, donc nous nous arrêtâmes à un stand avec des parfums exquis. Les parfums me faisaient terriblement envie, mais je m'interdisais même d'y penser pour résister à la tentation diabolique. Au moment de choisir sa glace, j'ai une illumination : je vais en prendre une aussi. Pourquoi ? me diriez-vous. Pour la simple et bonne raison que j'en mourrais d'envie et que j'aurais été frustrée autrement. J'ai fait le choix de mon cœur et non de la raison, j'ai choisi Kinder Buenos et M&M's comme parfums divins : la glace a été chérie et appréciée. La culpabilité, certes présente, ne m'empêchait guère de profiter. J'avais une peur bleue d'enchaîner sur une crise, mais cela n'a pas été le cas. C'est une victoire incommensurable sur la maladie, cependant je ne peux m'empêcher de penser que cette glace va me faire prendre du poids et que c'était une erreur, car je n'en avais pas besoin. Restons sur le positif néanmoins.

Chapitre 28
Mais enfin, tu n'es pas maigre !

17 mai 2022

Je dois ma crise d'aujourd'hui à A (élève de 5e) : après m'avoir demandé « c'est quoi le pire tu penses ? Anorexique ou boulimique ? », je lui ai rétorqué que pour avoir vécu les deux, je pensais que la boulimie était bien pire mentalement. Elle m'a gentiment répliqué : « anorexique ? Pourtant, t'es pas maigre… bon t'es pas énorme non plus quoi ». J'ai ressenti la boule au ventre, l'angoisse et le mal-être prendre le dessus. J'étais tétanisée, je me sentais poignardée tout bonnement. J'ai terminé le cours à bout de nerfs, car elle m'avait poussée réellement à bout en plus des paroles blessantes qui, je sais, n'étaient pas intentionnelles. Je ne gère visiblement pas plus les émotions qu'avant, rien ne change.

En rentrant ce soir, j'en rigolais presque, mais au fond de moi j'avais encore le cœur brisé en mille morceaux. Après le repas, crise (moyenne), et c'est un nouvel échec seulement 9 jours après la précédente. Je ne vais jamais maigrir c'est un cercle infernal. Résultat crise qui aurait dû être évitée. Hier était une journée de victoire, mais la défaite n'est jamais bien loin.

C'est comme si chaque fois que je sentais que j'avais un peu maigri, je faisais une crise le jour même pour ne pas aller mieux. Je suis un ouragan qui n'aime pas le vent, et qui détruit tout sur son passage à commencer par lui-même et ce qu'il chérit. Je veux encore me faire souffrir pour quelque chose. Mais quoi ? Je suis sans cesse nostalgique, je m'imagine toujours que j'étais mieux avant, qu'à une certaine époque tout était parfait et la résultante est que je ne peux pas être satisfaite du moment présent. Je suis une éternelle insatisfaite, et donc ne peux pas trouver la paix intérieure.

Une autre cause de la crise est le début des cours de Cyril ce jour. Je suis admirative de mon copain, de ce qu'il fait, de ce qu'il est, de son intelligence, de sa vivacité, de ses talents et compétences multiples. Faire des cours à des collégiens et lycéens, c'était mon domaine jusqu'à présent et quelque chose que j'apprécie particulièrement. Je commençais simplement à me penser douée pour une activité. Nonobstant, Cyril m'a rejoint et sa méthode semble être parfaite, sans doute meilleure que la mienne, et il est adulé une nouvelle fois. Ce n'est plus mon domaine de compétence à moi seule. Je ne serai jamais la meilleure dans un quelconque domaine face à lui. Il est si intelligent et doué qu'il me surpasse partout où je tenterai de m'imposer. Je me suis toujours sentie inférieure à lui, dépassée par tant d'ingéniosité. Mon complexe d'infériorité n'est sans doute pas justifié rationnellement, mais mon caractère de compétitrice me pousse toujours au dépassement de soi et à devenir non pas meilleure, mais la meilleure.

Cette phrase soulève une interrogation. Doit-on être le (la) meilleur(e) ou bien la meilleure version de nous-mêmes ? Bien évidemment, la deuxième partie de la maxime est privilégiée et pourtant nous pourrions nous demander pourquoi tant d'êtres humains cherchent à tout prix à correspondre à un idéal.

Reprenons. Avec Cyril, je ne pourrai jamais ressentir cette satisfaction. Dois-je m'éloigner absolument de cette nécessité à vouloir surpasser les autres à tout prix ? Bien sûr. Y arriverai-je ? C'est une autre histoire. Je le verrai briller à chaque étape et resterai une ombre difforme sur son chemin. Je m'en veux terriblement, car parfois j'en viens à souhaiter qu'il ne soit pas si parfait en tout point, alors que je l'aime inconditionnellement et ne voudrais pas qu'il ne change pour rien au monde. Mais ce n'est point à lui d'être moins, c'est à moi d'accepter de ne pas m'élever. C'est à moi de m'accepter telle que je suis, malgré ce à quoi je ressemble, mais à chaque crise je me sens comme tantale : voulant gravir la montagne, je me heurte toujours à l'obstacle d'une crise qui me ramène plus bas que terre et m'empêche d'accéder au sommet indéfiniment.

Chapitre 29
Allô maman bobo

21 mai 2022

Ma mère m'appelle ce matin suite aux photos que j'ai envoyées (photos d'une mère et sa fille discutant dans la cuisine avec comme inscriptions : « Tu as encore vidé le frigo ! ») en pleurant et en me disant qu'elle se sent impuissante face à mon mal-être et ma maladie. Elle me confie son malheur constant à cause de mon état. Je me suis directement remise en question et ai été persuadée que je causais du malheur à mes parents, que je les faisais souffrir constamment, que sans moi ils seraient heureux. Par conséquent, ma maladie cause du tort à ceux que je chéris, je ne peux me le pardonner. Passer outre serait me mentir à moi-même. Cela n'a cessé de tourmenter mon esprit et m'a perturbée pendant des heures. L'envie de crise est arrivée logiquement, si frustrant seulement trois jours après la dernière scène de crime.

Chapitre 30
Une addiction qui change de cap

24 mai 2022

Des années durant, j'étais sévèrement piquée par une addiction néfaste : l'idolâtrie d'une personne. Depuis mes treize ans, j'étais tombée comme amoureuse d'une chanteuse J. Ma relation fictive avec elle a été passionnée, ce fut une épopée dotée d'espoir, d'envie et d'émotions intenses. J'ai été happée par son aura, je ne sais par quel hasard… je me le demande encore. Au-delà des rencontres formidables (L, A, A), je ne veux rien garder en mémoire de cette période même si les moments étaient joyeux pour la plupart. En effet, la désillusion de janvier 2020 en la rencontrant, la voyant me glacer le sang d'un regard, a été un poignard sanglant. Ses paroles m'ont fait verser les dernières gouttes de sang autour de la blessure. Le désespoir s'est épris de moi, je me sentais si vide subitement. À qui/quoi allais-je bien pouvoir m'identifier désormais ? Qu'allais-je pouvoir faire pour combler mon vide intérieur ?

Soudain, ma vie était vide de sens. C'est à peine deux mois plus tard que l'anorexie est apparue peu à peu, en commençant par un régime au début du confinement. Il me fallait donc une nouvelle addiction pour m'occuper l'esprit, pour remplacer la précédente. La maladie est simplement venue me sauver du vide, me consoler de la perte récente, en m'offrant une raison de me lever chaque jour : perdre du poids. L'addiction à la perte était-elle liée à mon deuil récent ? Il se pourrait bien qu'un lien se profile au loin. Une perte entraîne la perte.

En outre, elle était un idéal corporel pour ma part, sa minceur m'attirait et je rêvais de pouvoir un jour approcher son physique si fin. Elle avait réussi à faire un régime, alors pourquoi n'y arriverais-je pas ? Des années à aduler son physique, mais à en être loin, des années à me répéter que je ne faisais aucun effort pour m'en rapprocher, des années à me détester pour ma volonté pitoyable… Détestation décuplée avec l'hyperphagie depuis plus d'une année. Mais il ne sert de se morfondre, il faut guérir *quoi qu'il en coûte*, comme le dirait notre cher président Macron.

Chapitre 31
Les études portent en leur nom la pire des incertitudes

30 mai 2022

Cela va faire une année que j'ai arrêté mes études. Si ma décision quant à la voie que je poursuivrai me paraissait lointaine, la réponse doit se dessiner au plus vite. Je n'ai toujours pas la moindre idée quant à mon avenir : mathématiques, dauphine, rien, etc. Néanmoins, je ne pensais plus vraiment à ce dilemme cornélien ces temps-ci, préoccupée davantage par ma silhouette, l'été approchant avec ardeur. C'est le 30 mai, au cours d'une longue discussion avec C, venue chez moi, que les études ont surplombé la conversation. Elle me parlait des exigences du marché du travail, des stages prestigieux que tous les élèves de notre âge avaient, des masters et autres. Je me répétais sans cesse que tout le monde aurait fini et moi, je n'avais même pas une idée approximative de mon dessein. Comment vivre sa vie telle qu'on l'entend si l'on est sourd au niveau cérébral ? Une boule de stress que je connais davantage que ma famille m'a rejointe : ne pas savoir, avoir du retard, quitter peut-être dauphine alors que c'est une université prestigieuse… Je suis incapable de prendre une décision et nous sommes déjà à la fin de l'année scolaire. Je me sens nulle, ratée, désœuvrée.

Ceci m'a poussée à avoir envie de faire une crise le 30 mai, que j'ai repoussée avec des anxiolytiques, mais surtout grâce à Cyril qui m'a fait un massage avec ses doigts de fée afin de m'apaiser. Je pensais que mon envie s'était échappée définitivement, mais la bombe à retardement a juste rajouté des heures avant d'exploser : vingt-quatre heures précisément.

En outre, je n'ai même pas été capable de dire à C ce que je pensais vraiment : que j'étais toujours là pour elle à chaque fois qu'elle en ressent le besoin lors de phases de sombres pensées, mais que l'inverse est, selon mon ressenti, loin d'être semblable. Je sais qu'elle n'arrive pas à montrer ses sentiments, mais elle n'a jamais essayé de comprendre ma maladie ni mon désarroi, ma souffrance incommensurable et à quel point elle me meurtrit. Si elle était en face de moi, j'aimerais parvenir à lui conter ces mots : « C, détache-toi de ton garde de prison, retire tes chaînes de ton bourreau. Ton amant est un pervers qui ne sait que te faire souffrir mentalement et qui est d'une violence inouïe. Respecte-toi en le quittant une bonne fois pour toutes. Il souffle des ambivalences en permanence, mais C, ne t'y méprends pas, il ne t'aime pas réellement. Aucun être aimant ne veut voir sa moitié souffrir par sa faute. Il se nourrit de la souffrance qu'il t'inflige, alors quitte-le et n'écoute pas ses chants de sirènes qui te poussent toujours à le croire. Un pervers narcissique ne peut pas aimer, tu n'es que sa proie. Malgré le fait que tu ne parviennes pas à m'aider, me comprendre, me voir telle que je suis réellement, et que tu ne puisses pas soulager mes angoisses aussi déchirantes soient-elles, je tiens toujours à toi et souhaite ton épanouissement. Ne pense pas que l'argent est le remède de bien des maux, la société nous l'apprend à tort, ne pense pas qu'une relation amoureuse est basée sur des conflits violents, ne pense pas que nous soyons condamnés à avoir un emploi pour qui nous avons une aversion ou du moins que nous n'apprécions que peu, ne pense pas que la vie doit être subie. » De mon vivant, j'aimerais lui dire en face, mais j'en suis incapable. Ma médiocrité retentit à nouveau dans les abysses de mon esprit qui se trouble alors puissamment.

31 mai 2022

Aujourd'hui aucun évènement particulier, une journée plaisante : déjeuner, café avec des amies que j'ai plaisir à voir, puis un cours de mathématiques avec une élève agréable en fin de journée. Aucun stress, et pourtant après le repas de ce soir, j'ai encore faim. Ce nœud dans l'estomac s'est accentué, se transformant en boule pré-crise. J'avais de plus en plus envie de commettre le crime redouté. La maladie a eu raison de moi une nouvelle fois, sept jours après la dernière. Je ne sais même plus quoi analyser, quoi penser, tant aucun débat n'est permis. En effet, pas de source de stress, pas de restriction et pourtant des symptômes de crises toujours présents. La seule possibilité que mon cerveau ait ressenti une potentielle angoisse est notre discussion avec mes amies quant au prochain week-end avec toutes les filles de la clinique. Je dois partir avec elles le week-end prochain dans la maison de campagne d'E et nous mangerons toutes la même chose, qui plus est, certaines sont encore très malades et manger avec elles m'angoisse profondément. Ne pas savoir les calories des aliments que je vais ingérer durant ce week-end me pétrifie d'avance, car nous ne compterons pas avec Cyril, je n'aurai probablement pas mes 1 700 calories journalières. Ainsi, c'est la seule situation stressante que j'anticipe, en plus des vacances en Italie avec les repas, et du fait que l'été arrive et que je suis toujours « énorme ». Je pense à mes formes indigestes qui vont dégoûter les passants, je me répète que si je ne fais pas de crise, je limiterai les dégâts pour cet été, mais inconsciemment, je m'organise pour faire totalement l'inverse. Je continue à faire des crises pour ne pas obtenir le corps désiré et même m'en éloigner. Je me dégoûte profondément, et de plus en plus chaque jour. J'enfle à vue d'œil et je ne peux m'empêcher de penser aux semaines suivantes qui vont me faire regretter le corps que j'ai aujourd'hui. Je passe mes journées à supplier un être inexistant de me ramener à mon corps précédent. Je regrette sans cesse celui que j'avais, car au fur et à mesure des jours, je m'engraisse de plus belle.

Ma crise de ce soir était moyenne, « rattrapable », mais je ne pourrai encore une fois pas me peser, car je me dois d'attendre deux semaines après une crise pour réaliser ce geste (que la crise se soit lissée auparavant). Est-ce la raison de ma crise ? Inconsciemment, je ne veux pas me peser, car mon chiffre (je le sais) me serait insoutenable donc je fais en sorte de ne pas être en mesure de le découvrir. Avec une crise toutes les semaines environ, il ne se passe jamais deux semaines successives sans crise et donc je me place dans l'impossibilité de monter sur la balance. Mon poids me terrifie, car je sais pertinemment qu'il aura augmenté et au fond, cela m'effraie. En réalité, je préfère laisser mon âme en paix et être dans le déni le plus total. Derechef, à chaque crise, mon poids augmente et je peine de surcroît à envisager de connaître le chiffre me « définissant » (selon moi).

Chapitre 32
L'addiction, cette prison

3 juin 2022

L'Homme est addictif par nature. Il naît ainsi même si je demeure convaincue que la société le pervertit. D'après Rousseau, *l'Homme naît bon, c'est la société qui le corrompt.* Je critiquerai simplement la première partie de la maxime (mythe du bon sauvage) : selon moi, l'Homme ne naît pas bon, car la génétique et l'instinct animal nous poussent à nous entretuer, nous méfier, nous haïr. Nous ne construisons des relations qu'à des fins utilitaires, car après tout, même dans des relations amicales, notre but n'est-il pas de combler notre vide solitaire ? N'est-il pas de construire des souvenirs heureux que nous ne pourrions pas créer seuls ?

Chacun de nos gestes est utile et dénué d'affection au départ.

Pourtant, ce qui régit notre vie, ce sont les sentiments développés suite à ces relations. Ceux-ci nous rapprochent de notre humanité, notre bienveillance et autres qualités.

Cependant, notre société actuelle avec les nouvelles technologies nous aliène et empêche nos émotions humaines de s'exprimer. Notre sens moral est altéré fortement et le progrès nous pousse à nous autodétruire tout compte fait.

Notre société nous mène à l'addiction dès notre plus jeune âge, grâce aux nouvelles technologies, mais également, car les addictions sont banalisées et c'est un moyen de rejeter la souffrance extérieure.

Pourquoi les Hommes sont-ils dépendants de leur addiction et comment la développent-ils ?

– Premièrement, chaque personne passe par une étape de souffrance au cours de son existence et l'addiction est le premier refuge qu'elle trouve naturellement. L'accès aux déclencheurs addictifs est libre et la facilité étant inhérente à l'être humain, nous nous tournons vers ce qui constitue le moins d'efforts.

– Deuxièmement, une addiction est perverse et nul ne peut s'en détacher sauf à entreprendre un voyage périlleux. Nous essayons de nous soigner ainsi, d'éviter de souffrir avec des comportements qui semblent nous apaiser au premier abord. Comme le souligne le Dr William Lowenstein, *nous sommes tous des dépendants en puissance.* Nous devenons prisonniers dans notre propre corps, et nous choisissons bien souvent de coopérer avec l'addiction plutôt que de s'en détacher, car la souffrance qui a engendré l'addiction est bel et bien encore présente. Se libérer de l'addiction c'est faire face à la douleur que nous venions tamponner ; or nul ne veut souffrir.

Passons à l'addiction qui nous préoccupe : l'addiction comportementale (trouble des conduites alimentaires)

Pourquoi les TCA sont-ils des addictions ?

1. Nous ne pouvons pas nous passer de réaliser notre comportement (nous peser, faire une crise, ne pas manger, aller pratiquer du sport, etc.) ;

2. Nous en souffrons énormément et nous nous sentons coupables (lors d'une crise, sentiment de honte de la maladie vis-à-vis d'autrui, etc.) ;

3. État d'euphorie suivi d'état dépressif, voire suicidaire (euphorie à la perte de poids sur la balance, euphorie au début d'une crise alimentaire, euphorie lors d'une résistance à la tentation, puis dépression après une crise qui peut être fatale tant le mal-être est élevé, dépression, car ne sachant plus quel chemin suivre).

Certes, je suis addictive comme beaucoup de mes semblables, cela fait de moi un être humain banal. Le but n'est pas de retirer l'addiction de nos vies, ce qui nous déshumaniserait, mais de ne pas la laisser prendre le contrôle sur nos vies. S'en détacher suffisamment pour suivre un autre chemin.

Chapitre 33
Même en rêve, pas de trêve

9 juin 2022

Cette nuit, mon esprit a fabriqué un songe parmi tant d'autres et il me semblait intéressant de se pencher dessus : j'étais dans le Monoprix de Cimiez à Nice, ma ville natale, avec Cyril et A (la sœur d'un ancien camarade de classe de collège, allez savoir où mon imagination s'est logée). Je m'y étais rendue pour acheter des barres chocolatées, mais au moment de passer à la caisse, j'ai vu ma mère attendre également pour payer. Éprise de stupeur, je fis tout pour me cacher de ses yeux. J'avais honte de ce que je tenais dans les mains, la peur d'un jugement sévère s'était éprise de moi. Ce qui me paraît étrange est que j'aurais pensé retrouver mon père dans cette situation, au vu de la problématique alimentaire commune.

Cependant, c'était bien le côté maternel dont la présence était soutenue. Je ne m'explique guère ce lapsus dans mon inconscient… j'ai toujours craint d'être découverte par ma mère lorsque je mangeais des gâteaux ou bonbons même enfant. Je me souviens d'un jour au collège où elle m'a surprise dans ma chambre avec des bonbons, n'a pas esquissé un mouvement de bouche, ni même changé de regard. Mes sueurs froides ayant sûrement été l'attention primaire à ce moment, plutôt que l'action que j'effectuais. Revenons au rêve de la nuit passée. N, une ancienne amie, est arrivée brusquement dans une allée, nous nous sommes disputées violemment, nous accusant chacune d'avoir été totalement incorrecte envers l'autre. Cet évènement m'ayant affecté pendant le rêve m'a poussé à acheter la barre chocolatée et à l'engloutir dans ma voiture.

L'émotion incontrôlable a raison de moi, même pendant la nuit, c'est un comportement intégré profondément. À mon réveil, ma première pensée a été « Dites-moi qu'en réalité je n'ai pas fait de crise ! ». Ces rêves (ou plutôt cauchemars) de crises sont récurrents depuis deux années désormais.

Chapitre 34
Des réflexions désobligeantes qui nous hantent

13 juin 2022

C'est un jour de remémoration que je vous propose si vous me l'octroyez. Les faits remontent à mon entrée en clinique fin août 2021. Mon psychiatre référent (Dr G à l'époque) et mon diététicien (N, que j'apprécie beaucoup par ailleurs) m'avaient blessée. Lors d'un rendez-vous quotidien avec G, je lui parle de la détestation que j'éprouve envers mon corps. Il me demande ainsi quel corps je souhaiterais avoir et je lui rétorque : « celui que j'avais l'été passé ». En conséquence, il s'empressa de me demander de montrer à quoi il ressemblait durant cette période, ce que je fis. Il m'a dit avoir compris mon désarroi et le désir que j'éprouvais de retrouver ce corps svelte, et qu'effectivement j'avais énormément changé depuis. Désemparée et surprise, mais surtout poignardée, je me suis empressée d'en toucher un mot au diététicien le jour même. J'étais intimement convaincue qu'il serait au moins autant choqué que moi, mais que nenni, je m'étais fourvoyée drôlement. Il m'a confirmé les dires du médecin et les a approuvés.

Une autre réflexion perturbante est survenue quelques jours plus tard alors que je m'étais mise au sport de manière drastique à la clinique dans un objectif de perte. En effet, j'étais épuisée physiquement à chacune des séances, transpirante et essoufflée massivement. N m'a rétorqué que ce comportement était normal au vu de mon surpoids… comme si je ne bavais pas assez de ma masse corporelle.

Dernière réflexion de la part du même individu : je lui fais part de ma hantise de mes grosses cuisses, et son unique réponse a été : « mais moi aussi on m'a toujours dit que j'avais de grosses cuisses et on fait avec, faut se mettre en valeur avec ses vêtements ». Cela donc confortait mon idée d'avoir effectivement des cuisses énormes. De plus, je lui raconte que je me trouve laide, et il ne trouve rien de mieux à me répondre que je suis rigolote et que chacun a ses qualités. Comment ne pas justifier ce que je viens d'énoncer avec sa réponse qui ne fait que renforcer mon idée ?

Certes, l'équipe médicale est d'un grand soutien, en particulier Dr M ces derniers-temps depuis qu'il m'a retiré les moyens de paiement, mais certaines fois leurs réflexions nous atteignent profondément et nous ramènent plus bas que terre, nous laissant dans un mal-être inébranlable.

Chapitre 35
De sages enfantillages

15 juin 2022

Récemment, mes visites chez ma sœur Claire sont nombreuses en raison de la naissance de mes neveux V et J. Je suis fière et heureuse de pouvoir les voir et m'occuper d'eux, les admirer et les chouchouter. Cependant, y aller ne m'apporte pas que du positif. Lors d'un biberon que les jumeaux peinaient à finir, Claire m'a dit qu'étant bébé au moment de boire mon lait j'avais les yeux qui pétillaient tellement je jubilais. Au-delà de mon rire nerveux suite à cette anecdote, j'ai ressenti immédiatement que mon histoire avec la nourriture datait de ma naissance. Une histoire passionnelle d'amour-haine.

Me rendre chez ma grande sœur est également une source d'angoisse, que je me crée moi-même. En effet, la présence de la balance dans la salle de bain me pousse à me peser dès que j'y mets un pas. Je ne peux pas faire autrement, pourtant je lutte sans cesse, mais la maladie me possède et m'oblige à regarder ce poids (après le repas de midi qui plus est). Cela me met dans des états rocambolesques : hier je faisais 57 kg et aujourd'hui 58 kg. La prise de ce kg en une journée m'a bouleversée et ce n'était pas le meilleur jour pour une prise pondérale (même si aucun jour ne l'est réellement) tant ma journée fut éprouvante. Néanmoins, je sais qu'en réalité je n'ai pas vraiment pris 1 kg en un jour, car c'est invraisemblable, mais que c'est une variation normale du corps, mais cela est au niveau rationnel et au niveau émotionnel je n'arrive pas à le gérer.

Ces derniers jours, en raison de mes pesées et du report de mon rendez-vous chez la psychologue (sur laquelle je comptais considérablement pour commencer notre travail), mes envies de crises sont fréquentes (quotidiennes) et je fais des crises de pleurs le soir, car mon besoin est extrême. La seule solution, quoique provisoire, mais efficace, est de prendre deux anxiolytiques pour calmer l'angoisse et me coucher rapidement. J'ai comme l'impression de sortir de mon corps, d'être dans un état second, plus rien n'a de sens et je ne suis plus moi-même. La dernière fois, il y a 3 jours, nous avons fait l'amour avec mon copain alors que j'avais déjà pris les médicaments et je n'étais pas vraiment présente bien que consentante, j'étais comme passive ou du moins je ne savais pas ce que je disais ni faisais. Le lendemain, mes paroles de la veille m'avaient échappé, mes souvenirs étaient brumeux.

Je persiste à croire que cette stratégie ne peut perdurer. De plus, même si je ne fais pas de crise, mon poids augmente et je commence à penser que l'ensemble de mes actions est inutile. En outre, mes cuisses se touchent aujourd'hui lorsque je les regarde alors que ce n'était point le cas les jours précédents. Ergo, c'est donc la preuve que j'ai réellement grossi alors que je suis toujours à un peu moins de 1700 calories par jour. Je ne comprends plus rien à la vie et suis désemparée, je ne peux plus vivre ainsi.

Partie VI
Le début de l'intériorisation

Chapitre 36
Un vide intérieur à perte de vue

15 juin 2022

Ce matin, j'ai été refusée à la Sorbonne en deuxième et troisième année de mathématiques ainsi je ne sais vraiment plus quoi penser, je suis déchirée par les options qui s'offrent à moi :

– L'arrêt total de mes études afin de monter ma boîte de cours particuliers (ce dont j'ai vraiment envie) qui comporte une honte innommable vis-à-vis de la société, des proches, mais en particulier de moi-même. Vivre sans Bac +5 ? Jamais je ne me le pardonnerai, jamais je ne cesserai de m'en vouloir pour tant de lâcheté et de fainéantise.

– Autre option loin d'être alléchante : continuer mon Master finance à Dauphine pour avoir un diplôme bac +5 d'une université renommée quitte à détester vivre pendant deux ans (envies suicidaires fréquentes je présume) et connaître une angoisse permanente, me rendre malade, retomber dans les TCA (quoique n'étant pas encore guérie donc simplement empirer la situation au vu de la dose de stress et de travail acharné).

– Également, je me demande si je ne devrais pas recommencer en L1, car j'ai été acceptée à la Sorbonne en mathématiques, mais finalement afin de poursuivre quelle voie ? Je ne souhaite pas être professeur de mathématiques au lycée ou bien au collège, mais simplement en tant que professeur particulier.

Le seul problème étant toujours le même, j'aurai si honte de ne pas avoir un Master que cela me gâchera la vie et la géhenne me gagnera. Tout à l'heure, j'étais tellement perdue et désemparée que je me suis mise à déverser des pleurs en appelant mes parents et en leur demandant conseil sur ce que je devais faire de ma vie. Je me suis effondrée en larmes, à bout de forces, pendant au moins 30 minutes dans le couloir avant de rentrer chez ma sœur. Les minutes qui ont suivi en arrivant chez elle m'ont rendu la tâche plus coriace : la vue de mon kilo de surplus par rapport à la veille est survenue comme si ma journée n'avait pas été assez déplorable.

Quelques heures plus tard, une sensation étrange s'est éprise de moi : je ne ressentais plus rien, simplement du vide. Un vide intersidéral à n'en plus finir. Aucun évènement ne pouvait m'atteindre, comme si un bouclier de marbre s'était placé autour de ma personne, ne laissant absolument passer aucune émotion (joyeuse ou non). Ainsi, je me considérerais davantage comme nihiliste. Selon eux, la vie n'a aucun sens : *l'existence est absurde et il est vain de vouloir trouver une quelconque explication ou vérité.* La vie n'est que souffrance, amertume, désillusions et sacrifices comme le pensent les bouddhistes. Selon moi, seul l'amour mérite d'être avancé comme raison valable pour rester en vie. Sans l'amour, je n'aurais probablement pas voulu continuer sur le chemin sinueux que je tente de transformer en ligne droite.

Quel choix ai-je réellement dorénavant ?

M'écouter ? Suivre le droit chemin pour me rendre fière et ne pas perdre la face ? Prendre le temps alors que je suis inactive depuis déjà bien trop longtemps ? Travailler de manière acharnée pour prouver que je ne me laisse pas aller à la contemplation ? Me renseigner pour avoir le courage de monter une startup innovante et réussir à arrêter mes études après seulement trois pauvres années de licence ?

Chapitre 37
La peur de guérir

16 juin 2022

Nouvelle crise aujourd'hui après la pesée de ce matin, et des envies de crise depuis des jours et des jours. Je repoussais mes limites et je n'arrivais plus. Ne pas faire de crise me soulageait, mais m'angoissait également, car je n'étais plus malade : plus de restriction, plus de crise, et par conséquent plus de maladie. Celle-ci me permet d'exister, d'avoir une certaine identité, j'ai l'impression que sans elle je ne suis plus rien, plus personne. Je me définis comme étant malade et luttant pour guérir, et pourtant l'ambivalence persiste, car je meurs d'envie d'en finir avec elle. Certes, cette crise va me faire grossir, mais si je n'en fais plus pendant des semaines, cela se lissera et je présume que c'est ce qu'il va se passer, car les moyens de paiement me seront toujours retirés. Ces 17 jours sans crise sont une certaine victoire, car c'est la plus longue période depuis des mois, mais également un signe de faiblesse chez ma personne, car j'aurais dû tenir davantage d'autant que je ne me restreins pas.

Le chemin est plus que sinueux et j'ai l'impression que jamais je n'en sortirai, jamais je ne maigrirai, jamais je ne serai libre et sereine. Mon identité de malade m'apporte de l'empathie, le souci des autres, leur inquiétude (bien que je m'en veuille de les inquiéter par ma faute) et me rassure, car je ne me sens pas obligée d'être au meilleur de moi-même constamment (car je suis mal).

Pour le moment, je ne ressens pas encore la culpabilité post-crise, mais elle va sûrement intervenir dans les heures qui vont suivre. Je peine à exprimer ce que je ressens au fond de moi tant le brouillard est intense. Je ne vis plus, je tente simplement de survivre. Je pense également que l'idée même d'aller manger une pizza samedi soir m'a déclenché une anxiété immense, la crise deux jours avant n'est donc pas anodine en plus des autres causes. Je m'organise pour ne pas pouvoir y aller, pour me punir de vouloir me faire plaisir. Désespoir, angoisse, rechute, suicide, détresse, horreur, peur. Les mêmes mots reviennent par centaine après un moment si désespérant : la fameuse crise, bien connue de mes services désormais.

Chapitre 38
Seule au monde ou seule en soi

23 juin 2022

Hier soir, nouvelle crise inattendue. Aucune source d'anxiété, de peur, de tristesse ni quelconque autre tourment. Pourtant, elle ne s'est pas fait attendre. L'après-midi, je fus seule chez moi. Mon esprit en a profité pour m'attirer vers les confins de la maladie. Tout se passait pour le mieux devant ma série, mon allégresse se faisait ressentir… peut-être trop pour que ce soit vrai. Vint l'idée saugrenue de manger, pourtant la faim ne faisait guère surface. Je pris une pomme, en me disant que cela couperait mon envie. Mais, en connaissant le processus, vous l'aurez deviné, cela ne se termine jamais de la sorte. Le vide intérieur s'installait peu à peu et grandissait en mon sein. Deux glaces restantes dans le réfrigérateur et me voilà telle une ogresse me jetant sur mes proies désarmées. Une fois englouties, il était temps de partir donner mon cours. L'idée d'y parvenir m'était chimérique. Je pris la décision de rebrousser chemin, à peine le pied dehors, et continuai ma crise avec le peu d'aliments consommables chez moi.

Mon copain arriva et subitement je devins hargneuse tel un animal enragé. Mon envie de terminer ma crise surpassait tout raisonnement rationnel. Il était peiné et perdu, mais la crise était déjà entamée, il était trop tard. Il me donna les moyens de paiement et je pus finir ma crise, jusqu'à en avoir mal à l'estomac. J'eus des crises de mal au ventre abominable à en pleurer, mais mon esprit ne formulait que ces mots : « Tu l'as bien mérité ».

Trois anxiolytiques plus tard, mes pensées finirent par se troubler et ma fatigue se fit ressentir abondamment. Cependant, alors que j'étais sur le point d'oublier toute souffrance et ma misérable existence l'espace d'un instant, des douleurs considérables apparurent. Mes jambes, mes bras, ma tête, mon ventre, tout était insoutenable. Je me sentais faible, les douleurs de courbatures étaient d'une violence que je ne puis nommer. Je gémissais tant rester statique devenait un supplice, tout comme effectuer un mouvement. Lorsque je tentais de me lever, je ne pouvais plus me diriger, j'étais comme droguée, mes yeux ne parvenaient plus à s'ouvrir et ma vision était trouble (davantage que d'habitude, étant myope) et mes jambes menaçaient de lâcher à tout moment. Mes sanglots ont duré au moins une heure avant que la fatigue ne l'emporte définitivement.

Le lendemain, voilà que la honte et le désarroi font à nouveau surface. Un échec de plus au compteur, dont je ne veux même plus connaître l'affichage numérique. Je me demande simplement quand ma liberté me sera-t-elle rendue véritablement. Quand est-ce que mes pensées vont-elles s'extraire et ne jamais revenir me hanter ? J'ai beau tenter d'y croire, mais ce n'est simplement qu'une paréidolie à mes yeux.

Chapitre 39
C’est beau de rêver

28 juin 2022

L’on pense souvent qu’avouer ses maux est une mince affaire et nous libère, ce à quoi j’adhère. Cependant, face à autrui, les mots nous échappent et nos pensées s’entremêlent. Durant un songe, notre imagination nous désinhibe et permet de rêver une réalité alternative dans laquelle notre témérité peut enfin s’exprimer. Ceci est parvenu aux confins de mon cerveau durant la nuit passée. Notre aventure se déroule à Nice et mes parents me considéraient comme une jeune enfant, que l’on protège du monde extérieur dans un véhicule hermétique communément appelé une poussette. Cela me rassurait. La scène se déroulait dans ma réelle maison (de l’enfance, celle que je n’ai jamais accepté d’abandonner). Mes sœurs Claire et Camille étaient présentes ainsi que mes grands-parents paternels et quelques cousins. Nous étions au bord de la piscine et c’est ainsi qu’au cours d’un silence pesant, j’annonçai que je passais mon baccalauréat à nouveau. Ma grand-mère s’exclama d’un ton sec que c’était une hérésie. Je lui rétorquai que mes études ne m’avaient jamais intéressée et que je me l’avouais enfin, qu’il était de bon augure de se détacher enfin des injonctions parentales.

Qu’en était-il des autres protagonistes ? Grand-mère servait le repas et changeait volontairement les proportions selon les sujets ; son mari n’a presque rien reçu. Mes éclats de rire ne se firent pas attendre et ma pensée automatique fut cette fois-ci divulguée à haute voix « non, mais comme par hasard ».

Mon grand-père, étonné, m'en demanda davantage ce à quoi je voulus bien me plier :

« Si j'ai des TCA aujourd'hui c'est de ta faute », m'exclamais-je. Il m'assura que c'étaient des balivernes et que j'étais simplement faible, que sa responsabilité était nulle. Mon père était spectateur de la scène et ne fit aucun geste. J'ai dit à mon aïeul ce que j'aurais voulu lui partager en vrai (étant mort, le rêve était mon seul moyen d'y parvenir), mais mon père, selon mon esprit, ne l'a pas fait et ne s'est pas opposé à lui. Plus encore, il ne m'a pas défendue face à lui, alors qu'il m'accusait d'être faible, qu'il sous-estimait mes souffrances et ne s'est pas remis en question ne serait-ce qu'une seconde.

Face à l'impassibilité de mon paternel, mon courroux jaillit de plus belle. Je me récriais vigoureusement que mes grands-parents ne pouvaient déverser que la haine sur autrui, que leur aigreur envers ma mère était inacceptable, injuste et injustifiée. Je rajoutai qu'ils avaient toujours adulé la mère de mes sœurs et n'acceptaient donc pas l'union de mes parents. Leur déni retentit et ma sœur Camille se mit à pleurer, car nous étions le 22 juin 2022, soit dix ans après le décès de sa mère.

Il est vrai que mon père ne s'est pas exprimé, bien qu'étant témoin de la scène, mais je remarque également a posteriori que ma mère a fait de même. Elle n'a pas cherché à me défendre, à me protéger de la violence, ni même à me soutenir. J'étais seule face à l'adversité, mais cela m'a permis de découvrir mes ressources les plus enfouies. Seule face à l'adversité, seule face au monde. Un résumé succinct de mon enfance.

Étant petite fille, je rentrais de l'école ou du collège et me retrouvais souvent seule. Parfois, ma mère était physiquement présente à notre domicile, mais s'apparentait plus à une ombre qu'un éclat de lumière. Nous parlions peu, l'oreille collée à son téléphone des heures durant. Je montais dans ma chambre pour réfléchir, travailler et manger des gâteaux ou sucreries que j'avais achetés en cachette par honte, déjà. Mon refuge face à la solitude et l'ennui venait de prendre vie. Il en était de même lorsque ma mère rentrait tard le soir de je ne sais où.

Chapitre 40
Le refuge vole en éclats

28 juin 2022

En avril 2018, une des étapes les plus coriaces à affronter : me séparer de ma demeure enfantine. Des pleurs incessants, un déchirement que personne ne mesurait à sa hauteur. Cette maison était une partie de moi que l'on m'a arrachée avec autant de vélocité qu'une bande de cire brûlante. Ma plaie ne s'est jamais refermée. Mon cœur est resté entre ces murs que je chéris, et mon âme tourmentée n'a jamais cessé de rêver qu'un beau jour j'y résiderai à nouveau. Néanmoins, c'est une manière de ne pas quitter l'enfance, s'accrocher au passé c'est ne pas se tourner vers l'avenir. Il faut savoir se détacher pour avancer. Seulement, dans chacun de mes songes, mon foyer se dessine toujours de la même manière : ma réelle maison apparaît et me rassure. Une part de moi habitera toujours là-bas, peu importe le nombre d'années après la séparation.

Le soir au cours duquel nous devions partir définitivement, je me revois assise dans ma chambre à la contempler comme si ma vie s'arrêtait : mes larmes coulaient à flots pendant des dizaines de minutes. J'aurais pu rester ainsi des heures durant. Les sanglots ont continué dans la nouvelle maison pendant plusieurs nuits. Je ne pensais qu'à la manière de racheter ma maison plus tard. Je ne pensais qu'à la manière d'éviter de passer devant en faisant des détours, ce que je fais toujours. Je ne parviens pas à faire mon deuil.

Chapitre 41
L'enseignement en rêvant

29 juin 2022

Les rêves laissent transparaître la réalité, sous une forme quelque peu déformée. En effet, dans ce dernier, je devais apprendre pour mon contrôle d'histoire et j'étais paniquée comme à mon habitude. J'ai sollicité l'aide de ma mère pour me faire réciter. La douceur du moment s'est transformée en calvaire : elle a commencé à hurler que je la rendais folle à cause de mes pleurs et mon angoisse incessants. Mon père s'est empressé de la diriger vers une activité distrayante pendant que ma panique grandissait. J'ai fini par m'excuser de mon comportement. Mon tourment m'a amené à faire une crise malgré le fait que mon père ait demandé à sa fille aînée de veiller sur moi. Elle dû s'absenter dix minutes et je me disais que c'était assez long pour faire ma crise, il fallait que je la fasse c'était irrépressible. Malgré une surveillance minutieuse, la crise ne put être évitée.

Nous pourrions analyser les éléments essentiels : ma mère et son impulsivité, mon père et son déchargement sur les autres pour s'éloigner du problème et ne pas le gérer comme pour le faire disparaître. Ces traits de caractère leur sont propres, pourtant ma mère n'a jamais réagi de la sorte dans de pareilles circonstances et son agressivité ne m'a été révélée que rarement durant mon enfance. Peut-être ces moments m'ont-ils marqué davantage que je ne le croyais. Mon père a toujours fui ses conflits donc son attitude me paraît plus qu'adéquate.

Chapitre 42
Angoisses nocturnes

30 juin 2022

Mes pensées s'entrechoquent concernant mon avenir professionnel, l'échec m'observe, les chemins mènent aux mêmes angoisses et mes conclusions se troublent. Ne pas avoir de master, pourrais-je y survivre ? Pourrais-je me passer de l'humiliation générale, mais surtout de la mienne ? Ma bassesse me tourmenterait jour et nuit. D'un autre point de vue, comment abandonner son rêve, une fois que celui-ci s'est enfin révélé : monter une entreprise de cours particuliers, ce que j'aime réellement faire. Il s'agirait de renier toutes mes émotions et qui je suis réellement, l'ayant déjà fait pendant 21 ans, je n'en vois pas l'utilité désormais.

Chapitre 43
Surplus ou simple plaisir ?

2 juillet 2022

Depuis deux jours désormais, je suis de nouveau positive au Covid-19. Mes symptômes ont été inconfortables au départ : maux de gorge, à la tête, et courbatures. Cependant, pas d'apitoiement, je vous prie, ce n'est qu'une réaction minime. Cette maladie s'est déclarée alors que nous partons en vacances en Italie le 4 juillet. L'époque n'est pas opportune, c'est le moins que l'on puisse formuler. Cyril ne l'a toujours pas pour le moment, espérons que ses défenses soient invulnérables.

Toujours est-il qu'hier, me morfondant de devoir annuler mes vacances ou les modifier par ma faute, une envie de crise est apparue inévitablement. Ma moitié étant partie faire les courses et le paquet de céréales ouvert sur la table à un mètre de moi, la tentation ne pouvait être chassée. Me jetant avec acharnement sur le paquet, je le dévorai jusqu'à la dernière miette. Cela ne suffisait pas, une glace prit la relève puis Cyril revint dû à mes avertissements téléphoniques. Ma crise était stoppée et ma fureur gagna en territoire. Soudain, alors que je peinais à combattre mes envies, un mal au ventre effroyable s'est épris de moi. Le Covid m'a sûrement « sauvée » si vous me l'accordez.

Peu de temps après, alors que le mal au ventre s'était dissipé, mon envie de crise a eu une réaction analogue. J'avais tout de même la sensation qu'elle pouvait revenir, alors nous avons pris une décision judicieuse : manger une pizza, certes calorique, mais bien moins qu'une crise sucrée.

Cyril m'a une nouvelle fois épaulée et je ne pourrais me passer de sa présence au quotidien, il est mon pilier face à l'adversité et l'infamie : nous ne choisissons pas sa famille, mais nous choisissons celle que l'on construit. Il est ma famille.

Chapitre 44
Venise rime avec crise

11 juillet 2022

Depuis hier, mon mal-être grandissait en moi : je voulais simplement manger au restaurant comme toute personne normale en vacances, sans me soucier de ce que j'allais commander, du nombre de calories, des conséquences sur mon poids, de la vérification de toute la carte en avance… La maladie me pèse, je ne veux plus vivre en sa compagnie, elle me gâche une vie à laquelle je goûte progressivement.

Cependant, je veux aller trop vite et je risque de me brûler les ailes, j'aimerais passer les étapes sans transition et en sortir indemne. Alors que je ressassais ainsi, ma colère envers moi-même de ne pas être capable de guérir avec une hâte précipitée m'a incitée à faire une crise, mais la prise d'anxiolytiques a permis de l'éliminer… pour le moment.

Le lendemain, soit aujourd'hui, l'envie est revenue plus forte comme à son habitude et cette fois-ci plus de médicaments, mais la nourriture pour me calmer. La boule au ventre présente toute la journée a fini par m'exploser au visage en fin de soirée. Néanmoins, une nouveauté dans cette crise : c'est la première fois que je la fais devant quelqu'un. Mon copain est ici dans la chambre avec moi et ne peut se sauver à mon grand désarroi. Je dois faire ma crise devant ses yeux, ce qui m'anéantit. La honte est immense et je peine à oublier qu'il a pu observer l'être démoniaque en action.

Chapitre 45
Je vais mal, ne t'en fais pas

20 juillet 2022

Nouvelle crise en rentrant d'Italie, le pays idyllique. Après notre séjour au pays des merveilles, la chute est vertigineuse. Cyril s'est envolé ce matin en direction de la capitale, me laissant désarmée sur mes terres d'enfance. La mélancolie s'est éprise de moi, les larmes coulent sur mes joues roses et la culpabilité me serre le cœur.

Ma mère n'a pas manqué de dire que j'étais guérie, que tout allait mieux, que les autres filles de la clinique avaient des formes bien plus sévères que moi de la maladie… en somme que l'on pouvait clôturer le chapitre. Non maman, je ne vais toujours pas bien quand je suis seule face au miroir, face à moi-même. Non maman, je ne peux être seule tant cela m'angoisse. Non maman, je n'ai pas soigné mes plaies, je les ai simplement recouvertes de pansements. La solitude remplace tous mes sentiments, le vide intérieur occupe tout l'espace et masque mes raisonnements.

Sans Cyril, mon sauveur, je ne suis qu'une ombre. Ne plus l'avoir auprès de moi c'est sauter en parachute sans ce dernier : on sait pertinemment que l'on va tomber, que le choc va être brutal et que c'est inévitable. Je ne peux décrire ô combien ma morosité est présente en cette fin de journée, abandonnée de tous, laissée à mon cruel gardien pénitencier : moi-même. Je suis poursuivie par une ombre désarmante qui n'est autre que moi, lorsqu'elle me sent vulnérable, elle redouble d'efforts et frappe de plus belle.

Mon cœur est lourd comme mon estomac. Mes larmes ont été déversées au crépuscule dans les bras de mon père. Je me sentais comme importante à ses yeux, je devais être chérie, car mon amertume transparaissait. Mes parents se sont relayés pour me réconforter et mes pulsations s'accéléraient comme pour m'avertir que j'étais devenue une source de préoccupation pour eux, enfin. J'étais un centre d'intérêt, car j'étais mal. J'ai toujours ce même sentiment que je ne suis intéressante pour eux uniquement lorsque mon chagrin sévit et que ma maladie s'exprime. Je ne sais pourquoi j'ai ce besoin de rester malade comme pour attirer une sorte de compassion venant de mes parents.

J'ai toujours éprouvé que ma journée enfantine était rythmée de la sorte : école ; devoirs seule et goûter par la même occasion ; dîner avec mes parents dont les sujets de discussion étaient bien souvent similaires : mes sœurs paternelles, la mère de mes sœurs, le travail de mon père ; et enfin le coucher. En contant cette journée, je n'ai point envie d'y participer et je présume que vous pourrez en dire autant. Redondance, ennui et désintérêt total de mes géniteurs envers ma petitesse.

Je pense désormais être en mesure d'énoncer que je leur en veux de ne pas m'avoir considérée étant assez jeune, je me sentais obligée de prouver ma valeur pour qu'ils s'intéressent à moi : par les résultats scolaires notamment. Je me devais de me faire remarquer, tout en ne causant pas de problèmes, car ils en avaient bien assez. Ainsi, hors de question de faire des vagues, d'avoir un comportement dissident, de m'opposer ou bien de sortir du droit chemin. Je revois souvent ma mère pleurer sur le fauteuil du salon, mes parents se quereller devant mes yeux pendant les vacances des heures durant, mon père lire sur le canapé du salon en évitant de penser que ses filles ne lui parlaient plus depuis des années, ma mère appeler ma sœur et être excédée qu'elles voient la vie différemment quoiqu'étant très syntones sur beaucoup de sujets.

Cependant, si j'avais été à leur place j'aurais sûrement fait de même voir pire qui sait ? Je tenterai simplement de ne pas reproduire ces erreurs et ne pas délaisser mes enfants. Lorsque l'esprit d'un parent est troublé, il a tendance à ne plus voir nettement ce qu'il se déroule en face de lui : son enfant. Il faut simplement ajuster notre vision malgré la difficulté à saisir les images en période de tourments, là se loge toute l'adversité.

Chapitre 46
Maman, j'ai peur

21 juillet 2022

Après ma crise de la veille, j'ai beaucoup de mal à envisager le repas de ce midi. De plus, ma mère a concocté une omelette aux pommes de terre (surgelées et beaucoup plus caloriques) ce qui m'angoisse fortement. Dès le début du repas, mes yeux divaguent, mes mains tremblent et ma voix s'éteint. Je ne fixe que mon assiette bien trop remplie, je me sens incapable d'y toucher, ou du moins de la terminer dans son intégralité.

Ma mère s'impatiente et m'avertit que je n'ai pas le choix, qu'aucun passe-droit n'aura lieu. Je me sens lâchée, livrée à moi-même sans soutien. Je me lève pour peser mon assiette lourde et ses yeux noirs me fixent avec insistance, elle ne se contient plus et ses gestes sont brusques, secs, forts. Sa voix résonne dans l'enceinte et mes oreilles ne supportent pas le choc, toute la peur et le chagrin font surface. Mes larmes coulent par milliers et mon corps se fige. J'ai peur d'elle, de sa réaction. Sa rage se démultiplie avec mes pleurs. Nous finissons par nous rasseoir et je hurle qu'elle me tétanise de peur et la supplie d'arrêter. Elle reste bouche bée, comme ne s'attendant pas à ces mots. Elle appelle mon père, inquiète et désarmée, qui réussit, contre toute attente, à nous apaiser rapidement par son calme olympien. Nous discutons sereinement, je commence à être apte à connaître l'origine de cette querelle. Ma tristesse, aussi profonde soit-elle, est exacerbée en présence de mes parents. Lorsque je suis seule auprès d'eux, mon mal-être revient vite et me colle à la peau. Il est vain de tenter de le retirer, c'est à moi de me retirer d'ici, de partir loin de la toxicité quoique n'en comprenant pas la raison pour le moment.

Cyril me manque terriblement, il est mon parangon, sans lui la force de lutter qui m'anime trépasse. Néanmoins, le fait qu'il me soit essentiel comme un médicament peut être pernicieux, car je cesse de militer pour guérir. Il me faut le courage de vaincre mes pensées sournoises même en étant seule et ne pas rester une jeune fille cacochyme. Je ne peux accepter mes démences et ratiociner mes faits et gestes, anticiper les prises alimentaires et rythmer mes journées pour me complaire au sein de mon trouble.

Porte haut et fort ton message d'espoir et va au bout de tes craintes, toi qui lis ces lignes, peu importe le chemin sinueux dans lequel tu t'es aventuré. Accepter ses faiblesses est déjà une force, accepter de reculer te fait avancer, accepter l'échec te permet de te relever afin de persévérer puis grandir pour mieux réussir.

Partie VII
Les minces avancées

Chapitre 47
Oser clamer notre faim

24 juillet 2022

C'était le week-end du grand saut. Premièrement au sens propre, car j'ai sauté en parachute, expérience innommable et sensationnelle, puis au sens figuré, car c'était le premier week-end depuis des mois que j'acceptais de partir loin de mes bienveillants surveillants (Cyril ou mes parents). Je n'avais personne pour me soutenir réellement, pour m'aider lors des repas ou deviner ce qu'il se passait dans ma tête, j'étais face à moi-même et mon assiette. Je tentais d'affirmer que la nourriture n'était plus un enjeu pour moi, cependant ce défi était abscons. Les amies de cette bande « Vénatisanne » ont un appétit réduit et il m'était impensable de demander des féculents ou bien des desserts en raison du respect de mon contrat. Je me contentais de manger comme les autres même s'il s'agissait d'une vulgaire salade de tomates et un peu de melon… un repas frugal, mais qui arrangeait bien la maladie peu après une crise.

En juillet 2020, déjà, après être revenue d'une semaine passée avec elles, j'étais affamée. Malgré la période d'anorexie restrictive permanente, les quantités chétives me consommaient. Un être pensant doué de raison aurait dû faire l'inverse et consommer des quantités rassasiantes. J'avais regagné le domicile familial en me jetant sur le repas, quoique peu calorique à l'époque, et cela pourrait être considéré comme une de mes premières crises hypocaloriques. La restriction m'avait détruite et mon corps ne pouvait en écoper davantage.

Je ne peux concevoir que j'aie besoin de manger davantage, que mes besoins soient massifs. Le déshonneur me dévisage, il ne reste de moi qu'une peur bleue du jugement sévère. Quoiqu'il en soit, en arrivant à Nice, la faim me taraudait. Lorsque nous mîmes un terme au souper, elle ne m'avait pas quittée. En suivant les conseils avisés de Cyril, j'ai décidé de combler mon creux avide avec des aliments salés. Je priais pour ne pas faire de crise, j'étais persuadée de succomber avant d'être gagnée par les remords.

Première expérience bénéfique, manger et combler sans être happée par l'avidité. Je n'ai plus faim, je n'ai pas fait de crise, je me sens mieux, je dois communiquer sur mes besoins énergétiques et nutritionnels sans craindre l'humiliation. Un enseignement est à mémoriser : le salé permet de diminuer drastiquement une crise, voire l'empêcher s'il ne s'agit pas d'un débordement émotionnel. L'optimisme renaît tel un Phœnix, ses ailes couleur feu peuvent à nouveau prendre leur envol au-dessus des mois cruels révolus. Va-t-il s'écraser à nouveau ou bien perdre de l'altitude ? Certainement. En revanche, ses ailes ne se briseront plus désormais, elles se solidifient au fil des jours.

Chapitre 48
L'enchaînement dément

31 juillet 2022

Plusieurs crises se sont enchaînées depuis mon arrivée à Paris. Trois précisément en cinq jours, cela ne m'était pas arrivé depuis des mois. Toujours faire un bon dans le passé, toujours régresser, toujours décevoir, toujours se détruire. La douleur psychologique est intense tant mon incompréhension est immense. La raison de ces crises répétées ? Quelques idées me viennent à l'esprit…

La première date de mon arrivée dans la capitale, j'étais seule et l'angoisse me taraudait. Je ne pouvais me rassurer seule et éviter la crise m'était insurmontable. Le lendemain, Cyril est arrivé et son oblativité a été irréprochable et chaleureuse. Seulement, la déréliction interne était abyssale. Son amour dantesque m'a aidé, mais mon corps turgide n'a pas pu résister à l'appel malveillant de la maladie seulement trois jours après le premier incident. En effet, le contexte était propice à l'expression virulente des symptômes : la mère de Cyril l'appelle et l'informe qu'ils vont partir en vacances et qu'elle compte en toucher un mot à son père dans le week-end. Ma névrose s'empressait de gagner du terrain, fixant mes pensées sur mon dessein futur : être abandonnée le jour de mon anniversaire, condamnée à ma famille sans protection. Les mots me manquaient, et ma tête heurtait mes genoux comme pour éviter tout contact visuel et auditif avec autrui. Cyril tentait de me rassurer, mais en vain. La boule commençait à se former, mais l'envie de crise n'était pas encore survenue. La bombe à retardement était cependant lancée et la seule inconnue était la durée du compte à rebours. Quelques heures plus tard, lorsque l'alarme a sonné à l'intérieur de mes entrailles, des anxiolytiques ont permis de me calmer provisoirement et m'ont couchée pendant des heures. Malheureusement, cette solution était de courte durée et la crise a eu lieu dès que la nuit fut venue. Crise sucrée devant l'être aimé, une honte que je ne pourrai jamais effacer de ma mémoire si ternie. La crise fut stoppée, je pensais que la raison reprendrait le contrôle, mais la vie ne m'a pas donné raison.

Dès le réveil du lendemain, une envie de crise soudaine, car non assouvie en totalité la veille. J'ai tenté de patienter des heures, mais encore une fois inévitable et une nouvelle crise sucrée. Je ne sais par quels moyens je vais me relever de ces étapes infectes, je ne mérite pas d'en revenir indemne.

Je ne mérite pas de guérir, je ne mérite pas l'amour que l'on me porte, je ne mérite pas de vivre et d'être heureuse, je ne mérite pas d'arrêter mes études et de réaliser mon rêve en donnant des cours de mathématiques et monter mon entreprise, je ne mérite pas de vivre de ma passion, je ne mérite pas de réussir, je ne mérite pas de maigrir, je ne mérite pas de ne plus souffrir, je ne mérite pas d'arrêter les crises, je mérite de susciter la honte et le dégoût, je mérite de pleurer, je mérite de me tordre de douleur par ma faute, je mérite de ruiner mon âme, je mérite une vie de déchéances et désillusions. Ces mots peuvent paraître insensés pour certains lecteurs, mais mon esprit les approuve. Si un jour je publie mon récit contenant mes pensées les plus intimes concernant ces étapes machiavéliques, ce sera le signe que mon esprit est en paix. Je prie sans cesse pour que je puisse lire ces lignes avec un regard nouveau et attendri, mais je doute que ce jour survienne.

Chapitre 49
Au bord du précipice

7 août 2022

Anniversaire quelque peu déprimant, environ un an que j'écris ces lignes pour décharger ma souffrance et tenter d'expliquer ce que je traverse, car nul ne peut le comprendre sans le vivre. Aujourd'hui, nouvelle crise et l'on connaît la chanson. Néanmoins, pas d'évènement stressant, juste une faim après le repas du midi. Je ne pourrais trouver qu'un point positif, ce fut une crise plutôt maîtrisée. Après un repas normal, vers 16 h j'ai un peu mangé. Jusqu'ici, si je n'avais pas continué, cela aurait pu être une journée assez quelconque pour un individu ordinaire. Spoiler alerte, ce n'était pas la fin de mon insanité. Quelques heures sont écoulées, mais j'étais comme absente, je ne voulais rien et voulais tout par la même occasion… sensation très perturbante. J'ai renchéri avec des denrées caloriques.

Dénuée de toute émotion, aucun plaisir à me remplir, aucune angoisse, mais le sentiment que rien n'allait. Je n'ai toujours pas réussi à entrevoir ce qui a déclenché mes passions, cette crise lamentable digne d'un animal enragé. Je ne parvenais pas à me lever, à effectuer ne serait-ce qu'une action, je ne pouvais simplement rien faire. J'étais l'ombre de moi-même. Cette journée fut un désastre non seulement pour moi, mais pareillement pour Cyril. Il devait rester à mon chevet comme une cancéreuse au stade terminal, alors que je n'avais rien objectivement. Je le contemplais d'un regard luciférien, mon âme envolée dans les ténèbres. La douleur interne régnait en moi comme une rose dont les épines grossiraient les jours défilant. Le maître mot de la journée était l'ennui. Je me suis mise dans la situation d'incapacité, ce qui renforçait mon amertume de plus belle. Un cercle vicieux, nauséabond et pervers. Pourquoi pervers ? Car je l'ai choisi inconsciemment, il fallait que je sois mal, mais pour quelle raison… je l'ignore.

Depuis quelques jours, je suis parvenue à résoudre l'énigme qui me tourmentait : que ferais-je en septembre et par la suite ? J'avais la fâcheuse habitude de concevoir mes possibilités de manière manichéenne, noir ou blanc. Je n'imaginais pas pouvoir concilier plusieurs options pour entrevoir la lumière. Réaliser un master en plus de monter mon entreprise, l'alliance alléchante. Ainsi j'ai décidé de ne pas reprendre mon master de finance, qui n'aurait pas d'intérêt stratégique dans mon parcours, et qui me déplaît amèrement (en plus d'avoir la faculté de ruiner ma santé mentale en un temps record, remercions chaleureusement Dauphine).

Toutefois, un master de management stratégique serait aligné avec mes ambitions, mais, ne pouvant pas l'intégrer cette année par faute de temps, je préfère prendre une nouvelle année pour des cours et débuter la création de mon entreprise avant d'y entrer. Ma santé mentale est fragile, mes démons me hantent encore et s'accrochent, ma maladie me ronge et mon poids grimpe. Il me paraît primordial de prendre une année pour panser mes plaies. Je redoute sévèrement de ne pas être en mesure de guérir un jour, c'est de mal en pis récemment et parfois je préférerais lâcher la corde pour m'écraser que de multiplier les efforts en m'accrochant au dernier fil. Je fais souffrir mon entourage, surtout Cyril, et c'est insupportable d'être impuissante face à la géhenne que l'on inflige. La paix intérieure ne me trouvera point, puissent mes proches être sauvés de mon involontaire souillure.

Chapitre 50
Se rendre mal (ade)

10 août 2022

Des douleurs effroyables toute la journée à cause de diarrhées sanglantes, nos plans ont dû être revus et aménagés. Pour le dire simplement, nous avons tenté de sortir, mais en vain et avons fini cloîtrés chez nous par ma faute. Le soir venu, la douleur s'est estompée par la prise d'un médicament me soulageant les maux, cependant je ne m'attendais pas à ce que la nuit prenne une tout autre tournure sordide. Peu après le repas, je peinais à vaincre ma faim encore présente. Ma solution première a été de manger un sandwich fromage, puis un deuxième… mais en les engloutissant, la culpabilité jaillit de ses cendres. La boule au ventre s'est formée à mon insu, mais je la repoussais avec ardeur. Il me fallait simplement une touche sucrée pour ne pas sombrer, un sandwich au Nutella fut ma réponse. Je n'avais plus faim, plus de boule et je pensais m'être tirée d'affaire dignement. Malgré les efforts qui ont permis à la crise d'être bannie dans son œuf, je n'ai su faire face aux calories ingérées dans la journée tant cela m'apparaît comme incongru. Je suis assujettie à considérer ce mercredi comme une crise.

Désormais, il m'apparaît comme indispensable de me punir pour mon ignominie. J'avais plusieurs possibilités, dont une que j'ai apprivoisée jadis : manger jusqu'à ce que mon ventre crie de souffrance et me supplie de ne jamais recommencer. Nonobstant, je ne voulais pas rajouter plus de nourriture dans mon ventre alors j'ai tenté de me faire souffrir autrement : me couper avec un couteau, me griffer, m'arracher les cheveux. Les trois ont été examinées : j'ai débuté par des griffures et les cheveux, mais Cyril me maintenait pour m'empêcher. J'ai redoublé d'efforts jusqu'à hurler pour l'en dissuader, mais il était loin d'abdiquer. Vint la douche et j'ai profité de la sienne pour me couper avec le couteau de cuisine : plusieurs lames sur mon bras et quelques douleurs, mais je ne parvenais pas à appuyer assez fort… sans doute par peur de réellement passer le cap. Il est intervenu par surprise et je dus capituler.

J'ai senti dans son regard de l'effroi et de la stupéfaction, comme s'il n'avait jamais pu envisager que je pourrais faire un geste comme celui-ci. J'aurais pu appuyer sévèrement et avec les veines, mais j'avais peur donc je ne l'aurais sûrement pas fait réellement même en son absence. Pour m'apaiser, il m'a fait prendre un anxiolytique et me voilà 30 minutes plus tard relatant déjà les faits sordides de la soirée passée. Je suis toujours dans l'optique de me faire mal, mais je n'ai pas d'autre choix que de déclarer forfait.

Il me paraît évident que mes craintes face à la rentrée scolaire font surface en ce mois d'août, voyant tous mes homologues reprendre les études ou le travail, et moi livrée à moi-même pendant une nouvelle année, ne suivant que mes envies sans me soucier de l'avenir et du dédain que les autres éprouveraient à mon égard. En outre, Cyril m'a judicieusement amenée sur une piste : devoir justifier de repousser d'une autre année mes études me terrifie et inconsciemment je trouve une raison en ne guérissant pas et en allant de mal en pis les dernières semaines des vacances. Depuis maintenant deux à trois semaines, mes crises se rapprochent, s'accentuent au fur et à mesure que septembre se dessine distinctement. Certes, je redoute la guérison, mais c'est surtout une raison pour que l'on ne me blâme pas de déserter en septembre en tant que mauvais soldat, une raison pour que l'on s'intéresse à moi.

Chapitre 51
Peser le pour et le contre

12 août 2022

C'est avec la plus grande fierté que j'annonce que mon esprit a tout bonnement omis de me peser ce matin. Cela faisait des jours que ce besoin avait refait surface après les dernières crises, et nous nous étions fixés sur ce vendredi matin pour la pesée. Ce n'est qu'en atterrissant sur les terres niçoises que je me suis subitement aperçue que la tâche n'avait pas été réalisée.

Tout d'abord, cela m'a déboussolée et angoissée, car je me blâmais pour avoir oublié une action si cruciale à laquelle je pensais souvent. Puis la culpabilité s'est dissipée en laissant place à une certaine satisfaction : j'avais oublié de me peser, je ne pensais pas que ce jour arriverait. Suivant mon schéma de pensée, il m'était impossible de manquer à cette obligation tant mon âme ne pouvait penser qu'à cela. Cet acte manqué marque, selon moi, le début de ma réelle guérison. Si l'image et le poids sont toujours aussi douloureux, oublier de regarder son poids c'est oublier la maladie. Celle-ci ne contrôle plus mes pensées, elle suggère simplement certains choix qui rythment ma vie pour le moment. Ce n'est plus avec stupeur que j'analyse cette étourderie, mais avec bienveillance, les yeux tournés vers une future jeune fille chef d'entreprise rayonnante et libérée de ses chaînes.

De plus, ma journée ne fut pas de tout repos concernant le trajet de Paris jusqu'à l'aéroport en raison de nombreuses perturbations, et du fâcheux retard sur mon vol qui plus est. J'étais hirsute de rage et j'en voulais au monde entier, ma respiration se faisait de plus en plus intense et venimeuse et je pensais ne pas passer outre mon animosité. Une fois de plus, me surprenant à foison, je me suis apaisée naturellement. Je redoutais une crise ou bien simplement de tenter de me faire souffrir, mais a contrario c'est avec sagesse et délicatesse que j'ai su me dompter. Ce chapitre est bien trop optimiste à mon goût, mais il faut bien accepter l'irréfutable réussite de cette journée.

Chapitre 52
Scary

17 août 2022

Toute la journée d'hier a été une succession de repas trop caloriques selon moi, je savais que sur la journée j'avais dépassé mon quota avec notamment les glaces. En ayant surpassé mes apports normaux, l'angoisse a pris le dessus et je redoutais une crise. Le fameux « foutu pour foutu » qui m'est intrinsèque. Quand le soir fut venu, la fille ayant fait trop de provisions voulait chanter sa douleur pour tenter de se libérer.

Malheureusement, mes parents s'étaient endormis tôt, ce que je n'avais guère anticipé. Ma déception fut gigantesque et mon désarroi fut décuplé. J'étais perdue et ne savais plus quel chemin emprunter afin de soulager mon âme. J'étais seule, livrée à moi-même et mes pensées. Je tentais de me distraire, mais qu'importe, l'idée de crise grandissait en moi comme une tumeur incurable. Je dus me lever, possédée par ce besoin, et pris 7 yaourts. Une nouvelle fois, la crise n'était pas aussi conséquente qu'auparavant. J'avais envie de la continuer, mais j'ai préféré réveiller ma mère et demander des anxiolytiques pour tenter de stopper le processus. J'ai tant pleuré que ma respiration paraissait éprouvante.

Cyril me manquait atrocement, j'avais besoin de ses bras, de son odeur, de sa chaleur, et de ses mots rassurants. Je ne m'étais pas fait mal au ventre avec la crise, alors j'ai entamé le processus de me créer une douleur physique volontairement. Des scarifications sur le bras avec un couteau ont été ma réponse, j'avais mal, mais pas suffisamment et surtout cela ne retirait aucunement ma douleur morale. Cependant, il fallait que je me punisse pour ma conduite déviante. Je dois me faire souffrir, car je guéris davantage, ma maladie ne l'accepte pas et plus j'avance dans la guérison plus ses moyens de pression sont restreints, elle choisit donc de me blâmer physiquement avec des marques. Ma mère l'ayant découvert sur mon bras eut un choc et mes parents sont restés auprès de moi pour comprendre mon geste. Je n'avais pas plus de réponses que celle énoncée ci-dessus.

En outre, avoir des marques corporelles de son mal-être est également un moyen de montrer à autrui la souffrance psychologique endurée. Je souhaite inconsciemment montrer que je ne suis pas en mesure de reprendre mes études tant mon esprit est perturbé. Enfin, le plus douloureux reste le lendemain lorsque ma mère s'oppose à ce que je mange moins (ce que je fais d'habitude après une crise avant de reprendre une alimentation normale les jours suivants, c'est comme cela que je fonctionne depuis des mois désormais), elle ne l'accepte pas et me menace même d'être exclue de la maison si je ne respecte pas les règles imposées.

Cependant, je clame que mon comportement est provisoire et qu'il se rétablira sous peu, ce à quoi elle rétorque qu'elle ne fait aucun passe-droit à la maladie. En un sens, je comprends son raisonnement et c'est son devoir en tant que mère de me protéger néanmoins il est trop anxiogène pour moi de fonctionner autrement au lendemain d'une crise. La culpabilité en serait décuplée et le risque d'une nouvelle crise également. Avec mon système, non optimal soit, je suis apaisée pendant une journée avant de repartir sur des bases que je considère comme saines.

De plus, mon anniversaire est lundi et j'envisage déjà une crise importante ce jour-là en raison de la raclette et du gâteau. Je me prépare à ingurgiter une quantité astronomique de nourriture et je m'en veux au plus profond de moi d'avoir succombé hier soir, car je m'étais juré de ne pas faire de crise jusqu'au 22. Je blâme mon être dans son intégralité pour avoir failli une nouvelle fois à une promesse solennelle. Je ne sais tenir les miennes et je dois en payer le prix sur ma peau, sur mon poids, sur mon esprit.

Chapitre 53
Mise en scène

18 août 2022

Avec ma mère, nous sommes allées nous distraire au cinéma, voir « Là où chantent les écrevisses ». Le film, quoique sublime par ailleurs, m'a ramené à des souvenirs violents. En effet, une scène se déroule dans une chambre entre deux adultes (soi-disant amants) qui s'embrassent. L'homme prend les devants et tout en bousculant la jeune fille sur le lit, s'empresse de la pénétrer jusqu'à son orgasme. Ne se souciant aucunement du vide dans les yeux de sa partenaire ni du fait qu'elle semble souffrir physiquement, il continue de plus belle.

L'écho concernant ma vie m'a frappé. Des larmes ne purent s'empêcher de couler, tant la douleur mise en scène m'était familière. Je ressentais presque l'impétuosité et la douleur sur mon corps, comme si j'étais à sa place en mauvaise posture ou une sorte d'empathie. Mon corps se souvient tout comme mon esprit. Je ressentais la douleur comme si l'évènement du 14 mars 2020 avait eu lieu la minute précédente. Le corps peut renier, il peut mettre de côté, il peut vivre avec, il peut passer outre, mais il ne peut effacer de sa mémoire. J'ai terminé le visionnage en pleurs, je me suis réfugiée dans la salle de bain à mon arrivée chez mes parents pour pleurer de plus belle et appeler mon ange gardien.

Le seul point positif reste qu'à l'exposition de la scène j'ai immédiatement admis qu'elle subissait un viol, qu'elle n'était pas consentante et donc victime. L'agresseur et coupable était le seul responsable de son acte et elle n'avait rien à se reprocher. Cependant, si elle est victime, alors je dois me rendre à l'évidence et clamer que je le suis également. Après un temps de remémoration douloureuse, observer une scène presque autobiographique semble me libérer. J'irais même jusqu'à dire une destruction libératrice.

Chapitre 54
La rentrée ou comment l'affronter

1er septembre 2022

Jour de rentrée pour certains, et pour moi un simple rappel que je ne fais pas d'études. Depuis mon arrivée à Paris, les envies de crises se font fréquentes et sont repoussées par des anxiolytiques que je daigne prendre comme seule échappatoire. Lundi 29 août, la crise est arrivée soudainement alors que je tentais de la chasser toute la journée durant. Le soir, un burger, des frites, des gâteaux et du Nutella. Nous avons connu bien pire crise, mais cela suffisait à me détruire moralement. Je me suis endormie non paisiblement, mais d'épuisement après une journée de travail intense (6 h de cours ainsi que 3 h de travail personnel chez moi). Les causes me sont bien familières : peur de demander aux parents d'élèves de me recommander en tant que professeure, effroi quant au fait d'annoncer à Dauphine mon abandon, panique quant à mon avenir : vais-je un jour pouvoir avoir des élèves à mon compte sans organisme ? Vais-je reprendre mes études l'année prochaine et Dauphine voudra-t-elle à nouveau de moi au vu de ma lâcheté ? Tant de tourments sans la moindre solution apparente.

Le lendemain mardi 30, je me suis réveillée en voulant me faire mal physiquement, je n'avais objectivement pas assez souffert de ma crise. Je pris un couteau et rouvris mes plaies sur le bras avant de partir donner mes cours. Indifférente à tout ce qui m'entourait, ma journée coulait de source sur mes joues larmoyantes. Je pensais qu'après cette crise viendrait le beau temps pendant quelques jours, mais je me fourvoyais.

Mercredi 31, envie de crise incommensurable en arrivant dans ma demeure. L'objectif de Cyril : m'en dissuader, bien évidemment. C'est alors qu'une colère sans pareille fit surface, un déchaînement sur mes draps en les tirant de tous côtés presque les détruisant, tentant de me griffer et priant pour me créer de nouvelles entailles au couteau. Privée de ma crise, mes passions se déchaînaient et Cyril dut assister à cette scène effroyable. Il me maintenait les bras, car j'utilisais toute ma force jusqu'à l'épuisement physique, je respirais de manière assourdissante et je hurlais de toutes mes forces. « Laisse-moi, lâche-moi ! » je m'écriais sans cesse mais mon compagnon fut un roc face à mes requêtes folles. Il voulut me donner trois anxiolytiques pour annihiler le processus, mais je me débattais ardemment. Il finit par réussir à me les faire ingérer contre mon gré et mes sanglots firent leur apparition, épuisée. Peu de temps après, je ressentis l'apaisement, le calme était tintamarresque et mon esprit empli de vide. La soirée put finalement se dérouler normalement avec un repas quelconque et un endormissement rapide, cependant je savais que le repos de mon âme n'était que provisoire. En évitant une crise avec une intensité redoutable, l'envie vient de nouveau frapper à la porte hâtivement.

Jeudi 1er septembre, nous y voilà enfin. Je me lève et l'envie de crise est instantanée, c'est ma première et unique pensée, comme prévu et presque comme je m'étais conditionnée. La cuisine m'appelle et déjà je mange trois princes. Mais ce n'était que le début. Le rendez-vous avec ma psy s'est déroulé alors que mon investissement était totalement absent. J'ai commandé deux cookies pendant le rendez-vous, un monstre, vous dis-je.

À peine le rendez-vous fini que je me précipite sur mes mets savoureux, mais je savais qu'il m'en fallait davantage. Le mal était devant moi et m'attirait comme un aimant. Cyril revint et fut mis au courant, bien que me rassurant j'ai continué de commander. Je n'avais plus faim, mais je connaissais l'enchaînement, c'est une danse que je mène seule depuis des années et chacun des pas est une évidence. Une fois Cyril parti en cours, j'ai avalé des mets en surplus : une orgie. Mon mal au ventre n'était pas présent, donc le couteau m'a appelé une nouvelle fois. Le sang a coulé sur mon bras et j'ai entendu la porte s'ouvrir simultanément. Éprise de honte, j'ai tenté de dissimuler avec du papier, mais bien évidemment Cyril n'était pas dupe et me lança « qu'est-ce que tu fais ! ». J'étais perdue, mais je ne regrettais rien de mes gestes. Je me suis endormie quatre heures, épuisée des évènements.

Il me semble que le fait qu'il aille en cours et moi non me perturbe si ce n'est me détruit. En effet, il fait des études, ce que je devrais faire également, mais moi je n'en ai pas le courage, ni les capacités intellectuelles, ni l'envie par fainéantise. La question principale est que vais-je devenir ? J'ai toujours travaillé pour suivre le droit chemin, année après année sans me poser de questions et maintenant tout est incertain. Sortir du cadre paraît facile, mais c'est le plus épineux. Le chemin est sinueux, des ravins sont de tous côtés, des pierres pointues manquent de nous blesser et des bêtes sauvages tentent de nous achever. Avec des études, le chemin est sur du goudron frais, en ligne droite, seule reste l'anxiété permanente des échéances détruisant la santé mentale du plus robuste des hommes. La société ne nous veut pas de bien, les études sont faites pour tester notre résistance à l'enfer qui nous attend en fin de parcours. Voilà une bien belle vision de la vie que je vous offre aujourd'hui.

Chapitre 55
Se shooter, mais se rappeler

11 septembre 2022

Lors du repas de midi, aucune envie spéciale. Je me remémorais les moments passés avec mes amis hier soir lors de mon anniversaire surprise organisé par C. Extrême gratitude et émotions décuplées d'un anniversaire dont j'ai toujours rêvé depuis ma tendre enfance. C'est donc à C que revient le trophée que j'attendais de remettre un jour. Son attachement et son dévouement quant à l'organisation globale de la soirée sont des preuves d'amour que je lui attribue avec sincérité. Je connais son caractère mieux que quiconque (peut-être mieux qu'elle-même) et je sais qu'une attention comme celle-ci est une preuve de son amour pour moi qu'elle ne parvient pas à exprimer par les mots. En effet, elle ne peut consoler, elle ne peut comprendre mes souffrances, elle ne peut me rassurer dans les pires moments, elle ne peut être câline ou bien réconfortante, mais ses actions en disent long sur les phrases qu'elle ne peut prononcer en face. L'unique fois où elle m'a avoué qu'elle m'aimait en pleurant, qu'elle était désolée que j'aille mal et qu'elle voulait le mieux pour moi était environ en septembre 2021. Elle était rentrée très alcoolisée chez moi et ce n'est qu'à ces occasions que sa langue se délie, qu'elle se livre sans retenue. Toutes ses émotions transparaissaient, celles qu'elle cache soigneusement au fond à double tour. Certes, je recherche une présence lors de mes moments morbides et ce n'est pas avec elle que je vais la trouver, mais elle ne peut simplement pas. Ce n'est ni une volonté néfaste de sa part ni une mauvaise attention, elle n'y parvient pas. Les mots sont durs à prononcer et des alternatives sont davantage privilégiées. Je pensais dernièrement que nous étions comme séparées, un couple qui chavire, car l'un est au bord du précipice. Je pensais qu'elle ne supportait plus mon mal-être, mais j'avais tort sur toute la ligne. Son mal-être est à prendre en compte (relation toxique) et son caractère fait que la distance physique peut sembler s'agrandir, mais la sororité reste, l'amitié persiste comme elle le signe si bien sur ma carte « tu es la plus belle rencontre de ces dernières années ». Elle n'est pas du genre à faire des déclarations, pour elle ce mot c'est un enchantement, sa plume ayant rejoint ses émotions pendant un instant.

À la fin du repas, une légère faim fit surface. Une angoisse apparut dès qu'elle fit irruption dans ma journée si délicieuse. J'avais peur, la boule me tiraillait. Ni une ni deux, deux anxiolytiques pour m'apaiser et éviter à tout prix la crise. J'ai dormi environ trois heures, complètement assommée, avant de me réveiller encore somnolente et perdue. Puis revinrent mes esprits et mon envie de crise suivit. J'étais déboussolée, je devais la faire et passer à autre chose. Nous nous mîmes à acheter des denrées avec Cyril. J'ai évidemment tout dévoré. Je ne m'étalerai pas sur le déroulé de la crise, car bien trop peu d'intérêt. Je suis actuellement à l'agonie : le ventre tiraillé, l'esprit embué, le cœur serré, le désespoir intact. Les pensées habituelles me viennent : nullité, ridicule, incapable, grosse, ignoble, dégoût profond, ignominie, affreuse, abomination, infamie, mais surtout inhumanité. Un humain ne peut entreprendre de telles orgies culinaires, il s'arrêtera à la moindre gêne, il s'arrêtera dès que la faim se sera volatilisée, il s'arrêtera lorsque l'envie lui sera passée… mais ce n'est pas mon cas.

Ma prise alimentaire scandaleuse doit être sévèrement punie, je sais parfaitement qu'à la fin de ce récit je m'empresserai de me couper le bras avec un couteau. J'ai pourtant mal au ventre et cela me suffisait auparavant, mais la douleur physique doit être pire pour que mon esprit comprenne qu'il est infect de délibérément m'enlaidir à chaque crise. Je grossis à vue d'œil, je ne supporte plus de faire des crises, je ne supporte plus cette maladie, je ne supporte plus mon enveloppe corporelle (quoique ce n'est pas nouveau), je ne me supporte plus. Je me hais démesurément, je voudrais mourir pour que l'on oublie celle que je suis. Je voudrais disparaître pour ne pas susciter la répulsion venant d'autrui. Je voudrais agoniser avant d'expulser mon dernier souffle pour enfin avoir la punition que je mérite. Je voudrais dépérir seule en entraînant mon lugubre corps avec moi. Voilà Cyril qui se lève, je fais semblant et montre que tout va pour le mieux, mais au fond, mon cœur saigne, c'est une hémorragie sans précédent qui a commencé depuis plus de deux ans. X gouttes de plus tombent à chaque crise suivant une fonction exponentielle e^x. Et bientôt, ce seront des millions de gouttes qui se déverseront pour me soulager des douleurs définitivement.

Je pense réaliser que le pire c'est de ne pas réussir à trouver de raison pour cette crise. Avant, des déclenchements émotionnels en étaient l'origine, mais désormais ce ne sont que des pulsions presque par envie pure. Je ne sais plus rien, mon esprit est vide comme ma vie, vide de sens si Cyril n'était pas à mes côtés. Je laisse les dernières lignes telles qu'elles, n'étant pas fière de me jeter sur mon couteau de cuisine, mais obéissant de nouveau à quelque chose que je ne semble pas avoir décidé délibérément. Maintenant que la crise est passée, il ne me reste que les yeux pour pleurer, le ventre pour gonfler, le poids pour exploser, le bras pour saigner. Bonne nuit.

Deux heures plus tard, voilà que quatre blessures serpentent mes bras. Mais ce n'était pas assez, ma folie était incontrôlable. Mes actions n'étaient pas calculées, encore moins voulues et mon cerveau ne contrôlait plus les faits et gestes. C'est ainsi que dans un moment d'absence, j'ai pris des ciseaux et coupé mes cheveux d'au moins 10 cm, pas droits, avec des imperfections partout (des mèches plus courtes ici et là, une ignominie). Je me suis observée et je pensais simplement au fait que le lendemain je ne me réveillerais plus, il ne fallait plus que j'ouvre les yeux à nouveau. À quoi bon ? Pour voir ce désastre au niveau de mon corps, pour voir ce désastre capillaire indu par ma faute uniquement. Je voulais peut-être me rendre davantage laide inconsciemment ou simplement était-ce une action immorale et totalement dénuée de sens.

Malheureusement, le lendemain je me suis réveillée et mes cheveux étaient en partie sur la table, mon ventre était gonflé et mon corps entier me criait d'arrêter pour de bon. J'ai eu l'impression d'être possédée réellement par un démon qui me dictait des actions plus absurdes les unes que les autres. Aujourd'hui, lendemain de la crise, le mal au ventre me tiraille et mes blessures corporelles me sont très douloureuses, mais moins que celles de mon esprit. Je ne conçois plus de fin à cette maladie, j'envisage le pire à chaque nouvelle étape. Ce n'est plus une supposition, c'est une certitude désormais. L'obésité me guette, je mourrai chauve et mes veines explosées, chaque partie du corps indistinguable l'une de l'autre, car trop dégoulinante pour apercevoir une délimitation. La fin sordide, triste et solitaire d'une jeune femme que l'avenir attendait, mais qu'elle refoulait volontairement, repoussant le bonheur auquel elle était promise avec l'amour de sa vie.

Partie VIII
Oser s'affirmer

Chapitre 56
Je commande

21 septembre 2022

Hier, alors que j'étais seule depuis quelques heures et que tout allait pour le mieux, une envie de crise minime survint. Je ne le désirais pas réellement, mais c'était plutôt pour combler ma journée et l'ennui, car je rechignais à travailler. J'ai voulu commander de la nourriture, j'ai hésité longuement, mais me suis repliée sur des raisins et du sorbet citron. Les calories sur ma journée ont été totalement lissées, mais mon comportement me laisse perplexe. Dans ces moments de solitude, dès que je ne travaille pas, je dois encore combler alors même que j'effectue une autre action. Je me demande si un jour j'arriverai à sentir que mon cœur n'est pas en manque. Je me questionne sur mon esprit, pourra-t-il un jour m'indiquer que je suis assez ? Que je ne dois pas changer ni faire plus ?

Dorénavant et sans aucun contexte, laissez-moi vous introduire le sonnet que j'aimerais conter si la maladie personnifiée venait à se présenter devant mes yeux. J'aime à le revendiquer offensif, mais porteur d'espoir :

Au revoir créature maladive du démon,
Amuse-toi bien avec Satan et restes-y,
Laisse-nous vivre comme nous l'entendons,
Le mal que tu nous as infligé doit partir d'ici.

Emporte donc tes pensées odieuses,
Reprends tes somptueuses images chimériques,
Libère-nous du poids et des convictions affreuses,
Qui provoquent nos nuits mélancoliques.

C'en est assez je le promets,
Jamais plus dans tes bras je ne retomberai,
Dorénavant, il s'agira d'apprendre à s'aimer.

Si j'emprunte la plume comme Baudelaire,
C'est que mes pensées ne peuvent être claires,
Bien que les mauvaises finissent par se taire.

Je rêve d'écrire ces mots « Aujourd'hui, c'est la dernière page de cette histoire, car je vais bien. Je ne fais plus de crises, je n'ai plus de pensées envahissantes concernant mon poids et je m'accepte physiquement aussi bien que mentalement à tous les niveaux. Je me respecte et suis bienveillante envers moi-même, j'ai longtemps bataillé et les étapes ont été marquantes voir affreuses, mais j'en suis sortie grandie et libérée. Mes TCA sont envolés, loin de moi et partis rejoindre les enfers six pieds sous terre. » Ce n'est pas encore le cas, mais j'entends au loin la vie qui chante et m'appelle pour rejoindre la danse.

Aujourd'hui, je me sentais bien. Mais ce soir, une fois que Cyril est parti retrouver le royaume des songes, j'ai mangé deux danettes et du sorbet citron. Aucune raison à l'horizon, mais encore une fois un ennui ou un je ne sais quoi que je n'arrive pas à saisir encore. Mon apport calorique sur la journée reste adapté, rien d'inquiétant pour moi, mais des comportements toujours saugrenus. Mon cerveau me joue des tours et je ne sais quelle magie noire m'empêche de dissiper la fumée pour découvrir le secret. J'aimerais épiloguer davantage, mais je ne vais pas m'étendre sur le sujet tant j'ai déjà décousu maints et maints fils entremêlés. Même si je sens que j'avance, en réalité depuis les pas notables d'il y a quelques mois, je ne vois aucune évolution positive. Je suis toujours autant dégoûtée par mon apparence physique et obsédée par un poids que je dois à tout prix atteindre selon moi. Je ne m'autorise à manger du sucré (sauf des danettes) que pendant des crises et si je vais au restaurant je dois sélectionner un plat par avance pour que cela ne m'effraie pas. Je ne peux vivre ainsi, c'est extrêmement cloisonné. Je me sens coupée du monde avec mes peurs irrationnelles, mes études inexistantes, mes ambitions qui baissent chaque jour, mes cachettes dans mon cadre rassurant qui doivent voler en éclats et me bousculer.

En réalité, je n'ai fait aucun progrès depuis que j'ai arrêté de peser mes aliments (bien que le faisant toujours dès que je suis seule, comme pour me rassurer). En voyant une balance, je vais toujours monter dessus, en me proposant des gâteaux/sucreries mes interlocuteurs auront toujours « non merci » comme réponse, après une crise je vais toujours pleurer, écrire et même me faire mal, en passant devant le miroir je vais toujours trouver un nouveau défaut à rajouter à ma collection, en marchant dans la rue je vais toujours observer les cuisses et morphologies des femmes et regretter de ne pas avoir leur silhouette, en étant je vais toujours tenter de paraître. J'ai l'impression qu'il me reste trop à faire et simultanément si peu d'étapes à franchir que cela en devient déroutant.

Depuis dix jours, je suis aux commandes et la maladie en veille. Mais elle ne dort que d'un œil alors mieux vaut profiter avant la prochaine tornade. Dernier détail qu'il me paraît encourageant de souligner, je n'ai pas désiré me faire de mal depuis dix jours. Quelques jours auparavant, que je fasse une crise ou non, l'envie était présente de montrer mes blessures sur le bras et j'en faisais régulièrement voire quotidiennement, mais cette envie se dissipe. Je ne veux plus qu'on ait pitié, je veux que l'on voie une femme forte qui se bat.

Chapitre 57
Encore un soir

27 septembre 2022

Depuis seize jours, je n'avais pas fait de crise et j'en étais fière. C'est avec stupeur que je me suis observée aujourd'hui dans le miroir et ai vu ma silhouette arrondie, mon ventre gonflé et dégoulinant. L'angoisse est montée rapidement. Hier, l'envie de crise était déjà présente, mais les anxiolytiques ont permis de la repousser. Cependant, je n'ai pas pu faire de même aujourd'hui. Nous avons mangé des burgers pour atténuer ma crise, mais le désir de sucre était encore présent alors j'ai mangé des céréales, une glace et quelques biscuits. Nous avons connu pire, mais bien mieux. Je pensais encore une fois que j'étais plus forte, et plus résistante, mais que nenni. Mon poids va de nouveau augmenter, mon corps n'accepte pas de baisser, il souhaite se stabiliser ici, mais je refuse catégoriquement tant il est hideux. Et pourtant, c'est de là que vient la source du problème. Les aliments que je m'interdis encore sont les sources de mes crises, je ne me les autorise pas, car je souhaite encore perdre, c'est donc un cercle vicieux puisqu'en faisant des crises je ne perdrai jamais du poids par définition. Je me sens passive, impuissante et j'ai peur. Je refuse qu'une nouvelle crise arrive avant trois semaines au moins, il faut qu'elles s'espacent, il faut progresser, il faut avancer. Je redoute la prochaine, je me morfonds dans la nourriture ce soir et mes pensées haineuses envers moi-même reviennent de l'ombre. Pas d'envies suicidaires puisqu'importe, pas de mutilations, car il ne sert à rien d'avoir mal physiquement tant la torture est psychologique. Nul ne peut comprendre ce que je tente d'expliquer, sauf ceux qui sont victimes de la même maladie ou bien qui en sont spécialistes (et encore quelques subtilités leur échappent). Cyril est l'exception qui confirme la règle.

Après-demain, A viendra me rendre visite à Paris, ce qui réveille en moi l'allégresse ensommeillée. Toutefois, je redoute les repas pris ensemble, je redoute des questions, je redoute des réponses, je redoute la honte d'expliquer ou non mes gestes, mon comportement alimentaire compulsif et maladif. Je redoute d'être moi-même, car je n'aime pas cette personne telle qu'elle est. Je redoute d'avouer que je suis effrayée à l'idée de parler avec le responsable du master pour l'année prochaine tant le rejet me hante et la honte me tiraille.

Chapitre 58
Remaniement

3 octobre 2022

Je me suis réveillée avec de multiples tâches à réaliser. Je me sentais incapable et submergée avant même d'avoir débuté. Je me suis mise en mode survie : le déni le plus total. Mes obligations ne sont que pures illusions et je ne suis contrainte à rien. Cependant, la réalité m'a rattrapée bien assez tôt. En effet, au bout de quelques dizaines de minutes, l'angoisse est montée et je n'étais plus en mesure de couper l'eau qui ferait déborder le vase. Dès la dernière goutte versée à cause de ruminations, j'ai commandé. Comme à mon habitude, je savais que j'allais être dans un malheur profond, mais rien ne pouvait me dissuader, il était déjà trop tard.

Beaucoup de sucre, mais beaucoup de restes également. Je n'ai pas senti de chagrin ni de regrets par la suite, quoique la culpabilité et mes pensées, m'accusant d'être une mauvaise personne, m'aient induite à me scarifier une nouvelle fois (faiblement tout de même). Pas de désespoir profond grâce à Cyril, toujours présent pour m'épauler.

La soirée avançait et, le schéma se reproduisant mécaniquement, les pleurs incessants d'une âme morfondue… j'ai versé mes larmes dans les bras de mon homme. Puis, je suis passée outre la douleur pour reprendre ma vie. À chaque chute, se relever est de plus en plus insurmontable.

Depuis quelques jours, un changement radical s'est opéré : je m'autorise à manger des aliments avec plaisir alors même qu'une crise est survenue, je m'autorise à aller au restaurant et mes pensées sont moins envahissantes. Cependant, je ne parviens pas encore à me détacher de cette voix me forçant à détester mon apparence si je ne fais pas un certain poids. Pour certains, ce n'est qu'un chiffre alors que je le considère comme objectif, bien que je ne devrais pas. Je ne suis que dans l'attente de faire ce poids plutôt que m'accepter au poids d'aujourd'hui, c'est assez antinomique. J'ai également découvert que manger un peu le matin (une barre chocolatée) m'aide finalement sur le long de la journée. En effet, je n'ai point faim au réveil, mais la faim accumulée (temps long entre la veille et le premier repas du lendemain) peut amener à une crise en fin de journée. J'ai l'impression que cette méthode fonctionne pour le moment. Nous verrons comment les crises évoluent.

Chapitre 59
Mamma Mia

11 octobre 2022

Crise liée à on ne sait quoi. Comment réellement en connaître la raison quand l'on est happée par l'émotion ? La journée est d'une extrême noirceur, même la nuit me fait moins peur. Les larmes se préparent et s'égarent, mon visage théâtral se met en place pour duper les inconnus que je croise. Afficher un visage d'une clarté sans pareille pour mieux perforer mon cœur. Je ne puis plus supporter de faire semblant, de montrer que peu importe ce que la vie a choisi de m'infliger plus tôt dans la journée, cela ne m'atteint pas.

L'obscurité rend mes idées claires et limpides. Aujourd'hui, née de grand-père inconnu, je pense à ma mère qui d'un coup doit arracher des pages de son histoire sans pouvoir les remplacer. Le syndrome de la page blanche, non sans imagination, mais sans réponse. Cependant, je ne pense pas que cela m'ait atteinte réellement, n'ayant jamais connu cette personne, quoique me sentant inopérante à soutenir ma mère.

Depuis quelques jours, le sucre a fait à nouveau irruption dans mon quotidien, et certaines fois l'envie de crise était soutenue. Toujours refoulée, repoussée, chassée, évacuée, reniée. Mais cette sorcière savait que la malédiction n'était que fatidique. Je me sens comme Œdipe, à la différence que je connais le sort dont je suis victime, je m'acharne à éviter mon destin et il revient plus armé et déterminé à me détruire. Il est inévitable, comme le malheur que j'éprouve à chaque crise, comme la douleur ressentie sur mes bras, comme les pleurs de détresse chevauchant mes joues.

Je peine à trouver les mots justes. Au diable mes pensées, puissent-elles être châtiées. Et pourtant, alors que l'obscurité me tend la main, je trouve encore un espoir, je ne sais par quel moyen. L'espoir qu'un jour les crises disparaissent, l'espoir qu'un jour je contemple mon reflet sans avoir la nausée, l'espoir qu'un jour j'esquisserai un sourire en me remémorant les sombres idées de ces années. Je ne cesse d'envier les âmes paisibles, les âmes libres d'injonctions sociétales, sans tourment aucun quant à la nourriture parce qu'à quoi bon ? Il est normal de manger, c'est un plaisir et cela doit le rester et nous nous sommes perdus en vain à tenter d'ignorer cette maxime.

J'ai comme cette impression que les séances de psy ne servent à rien. Les seules avancées minimes dont je fais preuve sont uniquement liées à moi. Je sens que le dernier km de la maladie doit être affronté seule, car l'aide ne semble rien changer. Parler, être écoutée, tout cela laisse supposer que mon état s'améliore de semaine en semaine et pourtant cela est absolument faux. Je reste figée, et mon corps est bloqué par un vent déchaîné l'empêchant d'avancer à sa guise. Je me sens statique, incapable d'envisager un quelconque progrès désormais. Je pensais quelques semaines auparavant que les crises s'espaçaient, mais ce n'était que pure illusion. En réalité, elles surviennent une fois par semaine comme depuis plusieurs mois. Aucune avancée opérée et je redoute que ce stade soit le final.

J'ai parlé à ma mère de notre conversation téléphonique et ce que j'avais ressenti. Délaissée, abandonnée, car une autre personne avait pris une place de victime plus importante dans la famille, ma sœur. Tout à fait normal au demeurant, le fait qu'elle m'avait rappelé pour me signifier qu'il fallait que je me débrouille seule, car mon problème était presque résolu et quelqu'un avait vraiment besoin de leur attention était très blessant. En effet, ma sœur Camille a été diagnostiquée d'un cancer (tumeur ayant été enlevée en totalité normalement avec des cellules ne migrant pas, mais pour en être certain, nous attendons des examens approfondis). Je me sens tellement coupable, car je ne ressens rien, pas de tristesse. Je ne suis aucunement affectée par la nouvelle et pourtant je devrais. Je ne sais pas pourquoi cela m'atteint si peu et j'en viens à me questionner sur mon empathie inexistante. Suis-je normale pour ne rien ressentir à ce point ?

Toutefois, je suis heureuse d'avoir partagé mes sentiments pour donner suite à cet appel, car je ne me sentais pas capable de le faire les jours qui ont suivi.

Chapitre 60
Une âme en peine

30 octobre 2022

Aujourd'hui, point le courage pour de belles phrases dans la langue de Molière, point de temps pour étaler mes colères. Je n'ai pas réussi à prendre la plume depuis des semaines et cela même si l'envie me tenaillait. Beaucoup d'évènements se sont produits. Mardi dernier, j'ai appris que ma sœur Camille avait un cancer et qu'elle allait être traitée par de la chimiothérapie, un parcours tumultueux. Mon père dévasté m'a fait part de ses peurs et malgré son optimisme, je n'ai pas pu retenir mes larmes. Malheureusement, ce n'était pas une tristesse en réaction à la nouvelle, mais plutôt une gigantesque culpabilité que j'avais de ne pas être assez proche de ma sœur. J'ai même fait un rêve où Camille pleurait et m'accusait de préférer Claire à elle. Dans ces moments-là, je ne peux que me repentir de mes actions, et penser à tout ce que j'aurais pu faire différemment. En effet, ne pas être intime avec ma sœur m'a donné une nouvelle impression d'exclusion de la sphère familiale : tout le monde est épris de chagrin et l'entoure alors que je ne peux qu'être un soutien extérieur comme si j'étais une étrangère. Je voudrais tellement être davantage présente pour elle, mais au vu de nos relations, il paraît compliqué d'instaurer une proximité qui n'est pas naturelle.

De plus, mes larmes se déversant abondamment à l'écoute de cette nouvelle, l'envie de crise est apparue. Je n'avais pas envie, mais c'est comme si je m'étais forcée. Elle était effroyable, je n'en avais pas fait une pareille depuis fort longtemps. J'avais si mal au ventre, cela me permettait une nouvelle fois d'oublier ce pour quoi j'étais mal, et de focaliser mon mal-être uniquement sur mon apparence, comme pour cacher la véritable source du problème que je n'osais affronter. Depuis ce jour, ma vie a repris son cours malgré le fait que j'ai du mal à reprendre une alimentation adéquate : j'ai souvent beaucoup plus d'appétit que d'habitude, j'ai énormément grossi, je le remarque sur mon corps quand je le scrute, mais aussi lorsque je marche (mes cuisses frottant sans relâche).

Ce soir, il est impensable de décrire ce que ma tête dicte : envie de crise toute la journée donc un surplus calorique. J'ai si honte, car Cyril dort et j'ai mangé les cookies seule dans le salon alors qu'il les avait sélectionnés pour les emporter au travail le lendemain. J'aimerais mourir d'humiliation, me foudroyant moi-même pour mes péchés. En outre, j'ai prévu de faire une crise demain, j'essaie par tous les moyens de contrer cette sombre fatalité, mais je sens qu'au plus je lutte, au plus le destin m'attire vers Hadès. « Il ne faut pas, tu ne dois pas ! » ces paroles me rendent davantage vulnérable et me chagrinent. Hélas ! Pour les faire taire, je n'ai trouvé d'autre solution que de les contredire par des actions concrètes. Le seul point positif est que je n'ai pas touché mes bras depuis deux semaines, je n'en ai pas ressenti le besoin aux dernières crises.

Cependant, entre les crises j'ai l'impression que je commence à refaire la même chose qu'en 2021 : manger comme je le souhaite sans restriction avec des plats non adaptés (caloriques souvent) ce qui avait causé ma perte : une immense prise de poids, car un surplus calorique conséquent tous les jours plutôt qu'un seul jour et le reste des apports normaux (ce qui m'a permis de stabiliser à peu près jusqu'ici). J'ai si peur de reprendre tout ce que j'ai perdu, car c'est ce qui est en train de se produire : je mange et je crise et je mange et je crise et ainsi de suite… jusqu'à n'en plus finir. Je n'en puis plus.

Enfin, mes amies de la clinique (même celles qui font des crises comme moi) commencent à aller mieux avec des crises qui s'espacent pendant que moi je régresse et en fais de plus en plus… je le perçois comme une deuxième déchéance et ne sais vers qui me tourner. C'est sans espoir, et j'ai l'impression que mon travail thérapeutique n'avance pas réellement. À chaque fois que je sens que l'on va pouvoir parler de sujets que je veux aborder, un évènement capital survient dans ma vie : le père de ma mère, le cancer de ma sœur…

Je me sens partir, rejoindre la maladie que je tentais de mettre à l'écart, mais en ce moment il est trop dur de lutter… elle m'atteint et je n'y peux rien, je ne fais que manger, qu'avoir des crises, que grossir et je me dégoûte profondément. Je voudrais disparaître pour ne plus jamais observer un miroir reflétant une silhouette risible et hideuse. À chaque rayon de lumière que j'essaie d'atteindre, la pluie s'acharne sur moi et une tornade s'abat simultanément, me ramenant des obstacles infranchissables. Je ne passerai jamais, c'en est fini du combat, je n'en ai plus la force. Comme mon premier chapitre, je vais une nouvelle fois écrire (en étant persuadée) que je mourrai obèse, en me demandant comment j'aurai pu en arriver là…

Si le ciel s'abat sur moi, c'est que je le mérite,
Pour toutes ces illusions et ces chagrins tacites,
J'irai bientôt brûler sur un bûcher en enfer,
Où même Hadès devant mes crimes ne pourra que faire.

Les plaisirs et joies quotidiennes ne sont que fables,
Le bonheur qu'ils suggèrent n'est point ineffable,
Derrière les soleils chauds se cache une tempête,
Aux yeux noirs et glaçants comme une funeste bête.

Le mal parvient sans fin à se frayer un chemin,
On l'évite, il nous quitte, mais toujours il survient,
La boulimie, l'anorexie, l'hyperphagie et toute autre maladie,
J'éprouve pour vous le plus grand des mépris.

Chapitre 61
Plus d'engrenage

7 novembre 2022

Aujourd'hui, cela fait une semaine que je n'ai pas fait de crise. En effet, Cyril et moi avons décidé de réitérer l'expérience du mois de juin : me retirer les moyens de paiement. En outre, comme j'ai la fâcheuse habitude de commander sur des sites, nous les avons également bloqués sur tous mes appareils électroniques. Pour le moment, c'est un succès. Je me sens apaisée et moins éprise d'angoisse, cependant je sais que ce n'est pas une solution pérenne. J'espère que quelques semaines sans crise vont se dérouler afin que mon poids redescende, mais surtout pour préserver ma santé mentale rudement mise à l'épreuve lors d'une crise. Ce soir, j'avais encore faim après le repas et la peur commençait à arriver, toujours cette peur d'avoir faim, car elle déclenche une crise presque instantanément. J'ai décidé, malgré mon esprit malade qui condamnait cette idée, de prendre un bol de céréales. Après l'avoir englouti, je n'avais plus faim et cette étrange sensation de rassasiement (sans crise) ne m'était pas parvenue depuis des années. Je semblais enfin libérée l'espace d'un instant.

Les derniers jours ont fait remonter des angoisses que j'avais enfouies depuis la rentrée de septembre. Ce syndrome de l'imposteur chronique, cette pensée permanente « je suis nulle et je n'arriverai jamais à rien », mais surtout les terrifiantes, mais non moins importantes, études. Je me sens perdue, ne pouvant accepter que je n'aie pas de master pour rentrer dans la norme, pour prouver au monde que je vaux ne serait-ce qu'un petit quelque chose. Je ne sais quel chemin emprunter, car l'idée de réviser à nouveau m'effraie, je ne me sens pas capable, pas assez maligne pour réussir comme les autres. Je me place en dessous de tout.

Voir mes amies ne m'aide pas en ce sens, surtout C et I que j'affectionne tendrement par ailleurs. Néanmoins, les voir et discuter de leurs stages respectifs me renvoie simplement que je ne suis qu'une moins que rien. Elles parlent de collègues, de salaires mirobolants, de patrons, d'horaires extensibles, d'épuisement physique, de pression immense, mais surtout de finance… ce que j'ai abandonné. Plus on me parle de finance, plus je déteste tout ce qui s'y rapporte, mais d'un autre côté j'entends les salaires qu'elles auront à la fin de leurs masters, j'entends la sécurité de l'emploi, j'entends un niveau d'études exemplaire, j'entends des compétences acquises sur le terrain, j'entends des expériences professionnelles dans des banques de renommée mondiale, j'entends des ambitions, j'entends un acharnement au travail, j'entends parler de produits structurés et autres produits financiers… j'entends mon échec. Mais finalement cet échec n'est-il pas le plus grand des succès ? Celui d'avoir enfin dit non et de m'être écoutée.

Chapitre 62
Pas de place

9 novembre 2022

Aujourd'hui, le père d'un de mes élèves m'a annoncé vouloir suspendre les cours pour une durée indéterminée sans apporter un quelconque argument. Ma tête a automatiquement rejeté la faute sur moi, m'accusant de ne pas être à la hauteur en tant que professeure. Je m'en suis persuadée et n'ai pas remis en question ma pensée.

Étant présentement en ma demeure, j'ai commencé à ramasser toutes les pièces que je pouvais trouver, scrutant chaque recoin comme un animal affamé. J'ai réussi à collecter tant bien que mal 2,40 € et mon projet d'acheter une sucrerie a pris vie. Je suis sortie pour donner mes cours, mais alors que mes pas se faisaient lourds, j'ai pu contacter Cyril et le prévenir de l'effroyable idée germant dans mon esprit. Il m'a beaucoup rassurée et nous sommes arrivés à un accord : acheter un paquet de réglisses (car je hais cela) pour lui afin de ne plus avoir d'argent. L'envie de crise s'est dissipée, mais en réfléchissant, je me suis convaincue que si je n'achetais pas le paquet de réglisses, j'aurais toujours cet argent pour une autre fois où je ne la maîtriserais pas. La décision a été coriace, mais j'ai réussi à ravaler mon envie face aux céréales abordables et acheter le paquet.

Depuis environ le début du mois de novembre, mon eczéma revient à petit feu, il se fait discret, mais il se répand. La peau est le reflet de l'âme, ses pigments et irritations ne sont que des imperfections de notre gestion du stress.

Chapitre 63
L'étrangère

11 novembre 2022

Énorme crise d'angoisse au Lidl (je peinais à reprendre mon souffle), car je voulais manger tous les gâteaux et j'étais énervée qu'il n'y ait plus d'Ice tea, une bien mince raison, penserez-vous. Les pleurs se sont déclenchés dans le métro et j'avais l'impression que je faisais honte à Cyril, qu'il n'y prêtait pas la moindre attention, mais il m'a dit qu'il pensait que je voulais être seule.

Je sens que cette angoisse est venue du fait que j'ai l'impression que je ne fais pas partie de cette famille, que je suis totalement une étrangère… je ne suis proche de personne, ce sont plusieurs groupes soudés, et moi, je suis au milieu et je n'appartiens à aucun. De surcroît, je ne sais comment parler à Camille (ma sœur), je ne sais pas si je dois parler de la maladie ou justement éviter le sujet. Nous n'avons jamais été proches et je ne cesse de penser que ni Claire ni elle ne me considéreront un jour comme leur vraie sœur. Peut-être est-ce une fabulation. Je resterai la petite dernière de la famille, la demi-sœur. En rentrant, j'ai fait une crise, mais pas gigantesque. Je culpabilise énormément, car lorsque l'on me dit que ma sœur a la nausée avec la chimiothérapie et qu'elle risque de perdre du poids rapidement, j'en deviens jalouse, puis je voudrais me meurtrir d'avoir cette pensée abjecte.

Chapitre 64
Prendre du recul

15 novembre 2022

Grand pas en avant : pour la première fois, j'ai réussi à éviter une crise en envoyant tout mon argent à Cyril avant ma soirée seule sans lui. Sur Lydia, j'avais 42 € et je prévoyais une crise. Je suis fière de moi, car personne ne m'a obligée ni même influencée. L'envie venait tout bonnement du sentiment d'abandon, car je passais la soirée sans lui.

Suite à une introspection, j'ai remarqué que dès lors que l'on me reproche quelque chose ou bien quand j'ai le sentiment de ne pas avoir fait parfaitement quelque chose, je me mets à pleurer instantanément. La peur de me faire gronder me fait fondre en larmes, bien que je sois censée être adulte. Mais pour ceci, je reste une petite fille de 5 ans qui redoute que ses parents lui crient dessus. Lorsqu'un conflit est prévisible, même court et peu intense, je ne peux retenir mes larmes tant cela est insupportable. Je pense toujours avoir fonctionné de la sorte, avec une nette accentuation ces derniers mois.

Chapitre 65
Les nerfs

19 novembre 2022

Un élève m'a tellement énervée pendant le cours, j'ai cru que j'allais hurler et le frapper à de multiples reprises. Mais à la place, je me suis tu et ai ravalé mon effervescence. En rentrant, encore irritable, nous sommes allés manger une pizza que je n'ai pas beaucoup appréciée, ainsi cela a conforté mon exaspération : manger un plat calorique pour un goût quelconque… je n'y arrive pas encore. De retour chez moi, la boule m'a accompagnée, plus forte que jamais. Je pense que j'aurais été capable d'éviter la crise, je me suis juste jetée tête baissée sur l'alternative la plus simple plutôt que d'affronter mes angoisses. Je m'en veux terriblement.

J'ai donc fait la crise devant Cyril. J'avais l'impression qu'il me jugeait, qu'il était indigné par la situation, mais il m'a rétorqué que la fatigue en était la cause. Après la crise, des larmes chaudes se sont déversées presque éternellement, je ne parvenais plus à enrayer le processus pendant une heure. J'ai usé une centaine de mouchoirs, mes yeux étaient sanglants et mon visage ruisselait. Je suffoquais et peinais à reprendre ma respiration.

Chaque fois que j'arrêtais de pleurer, une nouvelle pensée venait dans ma tête et me faisait basculer à nouveau : mon poids, ma valeur tendant vers zéro, le fait que j'aurais pu sans doute éviter la crise, la pensée récurrente : « je vais grossir et cela ne va jamais s'arrêter ».

Mais enfin, et par-dessus tout : « J'AVAIS DIT NON ! ». J'ai pensé pendant 20 minutes à ce soir du 14 mars 2020 et je criais cette phrase en boucle parsemée de pleurs. Cyril restait interloqué. Puis j'ai avoué, entrecoupée par de longs silences. Toutes les images me revenaient en tête, la douleur et la scène. Je faisais 59-60 kg à l'époque et quand je suis proche de ce poids (actuellement) c'est le pire pour moi, je ne peux pas avoir le même poids que ce corps qui a souffert. C'est la raison pour laquelle ce palier avait déjà été une épreuve l'année passée.

Chapitre 66
Je n'accepte pas la maladie

22 novembre 2022

Bien que M et mes parents soient sur la même longueur d'onde pour énoncer que je ne veux pas réellement sortir de la maladie, je suis persuadée du contraire et ose le clamer. Hier, ma mère m'a envoyé un message dont le discours était semblable à ceux déjà entendus maintes et maintes fois en voyage avec mes parents. La fameuse : « je rentre à Nice, je vais prendre un avion ». Je me sentais toujours abandonnée, car souvent j'y croyais, je me disais qu'elle ne m'aimait pas assez pour rester, qu'elle nous laissait mon père et moi, mais je compris bien plus tard que cette phase n'était qu'une crise de colère qui lui est régulière pendant un voyage en famille.

J'ai eu ma mère au téléphone qui ne faisait que pleurer, elle disait ne plus en pouvoir que je sois malade depuis 2 ans et demi avec la maladie de Camille qui se rajoute. Elle renchérissait en divulguant qu'elle était au bout, car « j'acceptais et je m'adaptais à vivre avec la maladie, je me confortais dans la maladie », en somme que je n'en sortirai pas. Comme elle, j'ai la perception (peut-être erronée) que tout le monde me reproche de ne pas aller en profondeur, de ne pas me poser les bonnes questions : « pourquoi le poids est si important pour moi » ?

Mais ils ne comprennent pas (ou ne veulent pas entendre) que j'en ai assez, je n'en peux plus de voir des psys à la chaîne depuis des années, de penser à la maladie, de réfléchir sur ce qui m'amène à penser comme ceci alors que j'y consacre déjà beaucoup de temps. Ils ne savent pas à quel point je ne sais pas comment changer mon état d'esprit et mes pensées. Si je savais, j'aurais déjà changé. L'on ne change pas radicalement, le processus est fastidieux. Pour moi, le poids est trop important pour le moment, je n'arrive pas à me détacher de l'idéal de poids. Bien que je sache au fond de moi que cela ne doit pas être un but en soi, en réalité c'est encore mon seul objectif. Réussir à atteindre ce poids puis le maintenir en tentant de ne pas faire de crises. Les nouvelles crises m'anéantissent tant moralement que physiquement, les douleurs intestinales sont redoutables, car mon corps ne parvient plus à faire face après des centaines de combats.

Chapitre 67
Le grand M

6 décembre 2022

Hier a eu lieu mon rendez-vous avec le psychiatre M, j'anticipais notre discussion et n'avais pas la moindre envie de me livrer. Les réflexions désobligeantes à mon égard pendant l'entretien (ou plutôt à l'égard de la maladie) m'ont fait souffrir a posteriori, il était convaincu que je pouvais éviter les crises si j'anticipais suffisamment et que je ne devais pas me cacher derrière la maladie comme une excuse pour continuer dans la voie de l'hyperphagie. Il énonçait cela d'une manière si fluide comme si la solution était limpide et aisée. Mon cœur s'enflammait à mesure que ses paroles se déversaient, je sentais que mon amertume était à un point culminant et ne demandait qu'à être révélée à la lumière. Cependant, je ne ressentais aucun courroux et j'étais seulement abasourdie, consternée et morose. Je voulais pleurer, car les mots pénétraient mon cœur à la manière de flèches empoisonnées. Peu après le rendez-vous, mon exaspération s'est manifestée par une forte agressivité. J'étais hargneuse envers Cyril, refusais d'écouter tout argument allant à mon encontre… ce n'est que plus tard que j'ai enfin compris. M avait eu pour objectif de créer une réaction d'irascibilité, de me provoquer et cela a fonctionné. J'avais une boule au ventre de rage et cette boule me poussait à faire une crise pour me calmer, mais en exposant au grand jour ma fureur, elle a disparu. J'ai laissé ma colère s'exprimer et ma boule s'en est allée. Cela a dissipé mon angoisse et m'a permis de gérer mon émotion en la laissant intervenir plutôt que de la garder enfouie en moi et la retourner contre moi-même. Dorénavant, je m'efforcerai de clamer mes émotions en les vivant pleinement.

Chapitre 68
Une histoire de famille

6 décembre 2022

Récemment, j'ai à nouveau lu les mémoires de mon grand-père. Ce dernier y détaille sa vie dans le Guetto de Varsovie ainsi que l'atmosphère morbide qui y résidait. Il faut savoir que la majorité de ma famille paternelle n'a pas survécu aux camps de la mort. L'héritage du judaïsme n'a donc pas été bien perpétué depuis, même si j'accorde une grande importance à ma religion juive pour mon histoire (bien que n'étant pas du tout pratiquante). Quelques passages m'ont scandalisé, dénotant le caractère transgénérationnel de problématiques alimentaires depuis des générations. Pour illustrer mes propos, voici quelques citations provenant des mémoires :

Aucune activité physique n'était prévue et dès lors mon sort de futur obèse était scellé.

Toujours couché en lisant, je grignotais, grignotais et les kilos s'accumulaient. Mais en 1935, je ressemblais encore à un être humain.

Quoi qu'il en soit, je perdis cinq kilos, ce qui me laissait encore un beau pannicule adipeux. Je trichais lorsque j'étais invité chez des copains, mais en fin de compte je devins présentable.

Pendant quelques mois encore, malgré le froid et les privations alimentaires (qui me font beaucoup de bien), la vie continue avec l'espoir d'une victoire rapide à l'ouest.

Ces lignes paraissent insensées, presque inventées, tant la violence des mots est inouïe. Dès lors, on peut s'apercevoir que mes antécédents alimentaires me prédestinaient à ce destin funeste. Mon père a également hérité de la maladie du contrôle alimentaire, il a sans cesse fait attention à ce qu'il mangeait dans l'unique but de maintenir son poids. S'il ne pensait pas avoir une pathologie, la révélation de ma maladie lui a fait un électrochoc et depuis, il a entamé des soins. Plus jeune, il a eu une phase restrictive assez sévère, mais les hommes ne sont souvent pas pris au sérieux quant à cette maladie, car elle touche en majorité la gent féminine. Cependant, il ne faut pas sous-estimer les TCA chez les hommes, car ils sont plus fréquents que l'on ne le pense : la plupart du temps, ils dissimulent cela derrière une pratique du sport excessive (la bigorexie), mais un excès est toujours malsain.

Chapitre 69
Tout sauf adulte

7 décembre 2022

Depuis quelques semaines, je retombe en enfance : je suis en extase devant des films d'animation Disney, je réécoute des musiques que j'avais l'habitude d'entendre avec mes parents dès mon plus jeune âge, je regarde à nouveau les films que je préférais étant petite comme Kirikou. La peur de grandir, de devenir adulte, est la cause de cette rémittence. Être adulte c'est devenir responsable, maître de ses décisions, affirmé, mature, tant de mots effrayants pour l'enfant que je suis (ou pense toujours être). Et pourtant, je ne suis plus une enfant. J'ai vingt-deux ans et il serait temps d'accepter que la nostalgie de l'enfance ne doit plus être.

Chapitre 70
La dictature sociétale

14 décembre 2022

Notre société actuelle accorde une importance capitale à l'apparence. Un idéal est prôné dans les médias, sur les réseaux sociaux majoritairement. La minceur est devenue un but ultime, le seul moyen d'être accepté socialement, d'avoir la capacité de s'exposer sans envisager les moindres représailles. En effet, la transformation corporelle par l'amaigrissement est un marqueur social d'excellence, d'ascétisme, de contrôle absolu de sa vie (force de caractère pour ne pas grossir, et se priver). Concernant la gent féminine, la forme prime sur le fond : la partie est assimilée au tout. Nous sommes des corps et non des êtres pensants, et ce davantage que les hommes, jugés sur leurs qualités intellectuelles. Ce constat navrant se répercute sur les inégalités salariales ainsi qu'incitant les discriminations envers les femmes, notamment les violences sexuelles, car les femmes sont vues uniquement comme objets de désirs masculins, dénuées de sentiments.

Il peut donc y avoir une équivalence pratique entre capitaux corporels et culturels, front alimentaire et front scolaire de la prise en main, qui se traduit par une mise en relation entre être grosse et être nulle, être brillante et être mince, réussir scolairement et réussir à maigrir.

Devenir Anorexique, Muriel Darmon

Ce sentiment de « devoir être mince » est intériorisé par l'ensemble des femmes dès leur plus jeune âge (plus ou moins suivant les familles) : il faut être mince pour plaire aux hommes, il faut être mince pour ne pas être moquée, il faut être mince pour être jolie… à la manière d'objets personnifiés. La domination de genre peut alors débuter dès l'enfance, les hommes ont une incitation à la minceur, mais moindre, elle se concentre davantage sur la musculature désormais. Cependant, l'embonpoint est synonyme de richesse et assurance dans les postes à hautes responsabilités pour les hommes, ce qui n'est pas identique pour les femmes. Ces dernières sont en constante comparaison de leurs corps avec ceux des autres, et les médias la poussent vers l'extrême. Sur les réseaux sociaux, dans les publicités, à la télévision, les corps mis en avant sont sveltes, minces, et affichent une certaine « perfection ». Le diktat de la minceur est un fléau dont il faut s'affranchir même s'il est omniprésent. L'incitation à la minceur est également observée tous les ans lorsque les publicités pour de nombreux régimes font irruption, après les fêtes de fin d'année pour « se remettre en forme après les excès » ou bien à l'approche de l'été pour « avoir un summer body à la plage »… Sans compter les discriminations ignobles dont sont victimes les personnes en surpoids : la grossophobie. En outre, même sans violence physique, la violence morale peut être tout autant glaçante, même des regards malveillants peuvent anéantir. La société dans laquelle nous évoluons glorifie l'excellence sociale et culturelle : minceur et études poussées, qui vont souvent de pair. La rigueur est présente sur les deux tableaux : rigueur alimentaire pour ne pas grossir, rigueur dans le travail, quitte à s'épuiser.

Nous pouvons noter au passage que le système éducatif français pousse à l'excellence, les classes préparatoires aux grandes écoles sont l'exemple type de l'acharnement scolaire, en plus d'une violence psychologique inouïe durant les deux années (voire trois). Les élèves y sont déstabilisés, dévalorisés, moqués, humiliés, et beaucoup s'enferment dans une dépression sévère. Ce type d'enseignement par l'humiliation n'a pas lieu d'être, car il ne pousse pas à l'excellence, ce n'est point en rabaissant un élève qu'il va davantage réussir, au contraire. Dans bien d'autres pays, le système éducatif est très différent et les élèves sont encouragés à poursuivre leurs efforts, tandis qu'en France le moindre échec est pointé du doigt sans prendre en compte les efforts fournis. À titre d'exemple, je fournirais mon expérience en première année d'études supérieures à Dauphine. Mon professeur de statistiques prenait un malin plaisir à nous humilier : « vous êtes ici alors que vous aviez les notes pour faire une prépa, mais vous n'avez même pas eu ce courage, c'est pathétique ». De plus, une élève pleurait pendant les résultats du contrôle (moyenne de la classe 6/36) et s'est réfugiée en dehors de la salle, le professeur a claqué violemment la porte en ricanant. C'était une des scènes les plus violentes dont j'ai été témoin. Personne ne mérite un tel traitement, mais le système français est habitué à fonctionner de la sorte. Toutefois, les élèves passant par de grandes écoles ou des CPGE en gardent parfois un bon souvenir en raison des membres de leur classe passée, mais ce n'est pas la majorité. La course à l'excellence est effrénée, les diplômes ne sont que des vitrines sur LinkedIn pour paraître meilleur que les semblables. Les corps sveltes, la richesse et les modes de vie aisés ne sont que des vitrines sur Instagram pour rendre les autres envieux et malheureux de leurs sorts, les faire complexer sur leur apparence qu'ils penseront laide et leur réussite qu'ils jugeront inexistante.

Chapitre 71
En toute intimité

19 décembre 2022

Il fut un temps, de septembre à décembre 2021, où les relations intimes et même un quelconque contact physique amoureux m'étaient insoutenables. Je repoussais sans cesse mon compagnon, l'angoisse montait en moi dès que je sentais qu'un rapprochement s'effectuait. Les baisers langoureux m'effrayaient et j'ai même pleuré lors d'une soirée où Cyril m'avait embrassé. Il ne comprenait pas ma réaction brutale à l'époque, au contraire il était furieux. Les mois suivants, je suis parvenue à lâcher prise, Cyril est soudainement devenu magnanime et extrêmement soutenant. Son changement radical de comportement opéré en novembre 2021 a été un nouveau départ dans notre histoire, j'ai pu me révéler en intégralité, me confier sans craindre le jugement, et laisser mes sentiments fleurir. Début novembre 2021, après une dispute concernant une soirée, je n'ai pas adressé un mot à Cyril pendant près d'une semaine. J'étais à la clinique donc il m'était facile de l'ignorer. J'étais perdue, je venais à peine de réintégrer la clinique, d'abandonner mes études, mes pensées anorexiques m'envahissaient, et je ne sentais aucun accompagnement de la part de mon concubin. Il ne parvenait pas à me réconforter lors de crises, je préférais être seule et pleurer, car il restait en face de moi sans dire un mot et cela renforçait mon angoisse. Cette semaine a été terrible pour lui, mais tellement bénéfique pour la suite. Je me sentais oppressée par lui et j'évitais même parfois des moments passés ensemble prétextant des excuses… Je ne retrouvais en lui qu'un copain très dépendant de moi et susceptible lorsque mon mal-être transparaissait après les crises. Il restait stoïque et prenait tout pour lui, il pensait que mes comportements agressifs lui étaient destinés alors qu'ils étaient le reflet de mon angoisse. Quoiqu'il en soit, après une semaine de réflexion chacun de son côté, Cyril a eu le fameux déclic qui a tout fait basculer. Il a tout compris en une fraction de seconde, et notre relation en a été transformée. Par la suite, il s'est documenté, il a été mon sauveur et l'est encore, il a été soutenant, aimant et j'en passe. L'on ne peut pas décrire l'amour que j'éprouve pour lui, car les mots ne suffisent pas.

Alors que l'époque d'angoisse vis-à-vis de la sexualité semblait être révolue depuis quelque temps, depuis novembre 2022, elle revient petit à petit. Après la crise au cours de laquelle j'avais crié « j'avais dit non ! », l'intimité s'en est retrouvée chamboulée. Selon moi, ce n'est pas un hasard, il faudrait que je puisse clôturer ce chapitre en envoyant un message au garçon qui n'a sûrement pas conscience de ce que j'ai pu ressentir en mars 2020. Je ne l'accuserai en rien, mais j'expliquerai mon point de vue scrupuleusement et clairement de manière à me libérer pleinement de ces sentiments enfouis. Je n'attendrai même pas de réponse, mais simplement oser l'écrire sera une libération et je compte bien le faire dans les plus brefs délais.

En effet, j'ai déjà débuté ma désinhibition en me mettant en colère contre ma mère lors d'un appel il y a peu de temps. Elle parlait sans cesse, répétait en boucle que je devais voir un médecin, car j'étais fatiguée… et alors que je ne comptais rien dire, car dépassée et pensant que cela n'allait rien arranger, j'ai senti une boule de stress se former. Dès lors, je me suis forcée à revendiquer mon point de vue antinomique. Mes nerfs ont lâché et j'ai sorti toute la colère en moi, puis me suis mise à pleurer comme pour relâcher la pression. La boule était partie, j'étais apaisée et fière, car j'avais enfin réussi à maîtriser un enchaînement qui m'était familier.

Partie IX
La fin des maux

Chapitre 72
Entreprendre dans tous les domaines

16 janvier 2023

Une nouvelle année pleine de perspectives, de projets et d'ambitions. Cependant, depuis mon escapade dans le sud pour Noël, ma détresse psychologique n'a fait que s'accroître massivement. Certes, des crises de boulimie ont lieu, mais elles ne sont pas nombreuses, en revanche les crises d'angoisse le sont. Plusieurs soirs dans la semaine je commence à penser à la prochaine candidature en Master, mon poids, mon entreprise à développer… et cela m'angoisse terriblement. Derechef, je crie, je pleure, je perds mon souffle et suis irascible, j'ai la volonté de tout casser autour de moi, je suis éprise d'une rage sans précédent et seul un anxiolytique sait m'apaiser. Cyril ne sait que faire, il est extrêmement sollicité dans son travail, dans ses cours, est épuisé et ne peut donc pas réellement m'aider dans ma misère. Je culpabilise beaucoup de parfois l'empêcher de dormir, de le réclamer dans mes moments sombres et cela renforce mon désarroi. Les semaines passées ont été éprouvantes et ma colère si forte qu'un soir mon envie de me scarifier était à nouveau trop forte. J'ai succombé pour essayer de calmer mon emportement. Cela a fonctionné temporairement.

En réalité, tout ceci provient de mon avenir professionnel. J'ambitionne une nouvelle voie radicalement différente de la finance, à savoir l'entrepreneuriat. En effet, l'objectif de monter mon entreprise de cours particuliers m'est apparu comme une évidence tant les problèmes dénotés lors de mes cours ont été cruciaux. Je me sens investie de cette tâche pour aider les élèves, leur apporter le meilleur, les solutions envisagées sont nombreuses, mais il reste beaucoup à faire pour lancer un projet d'une telle envergure. L'idée du master entrepreneuriat m'est venue à l'esprit afin de m'épauler, mais surtout de me donner à nouveau un cadre précis, un statut d'étudiante qui suit simplement un chemin sans être livrée à elle-même… je ressens ce besoin. Néanmoins, je redoute le fait que ma candidature soit rejetée, car je n'ai « rien fait » depuis deux ans. En ce qui me concerne, donner des cours particuliers n'est pas assez pour oser clamer que mes années de pause ont été remplies. Je suis terrifiée à l'idée d'être rejetée, car je ne l'ai jamais été auparavant et pourtant cela serait compréhensible au vu de mon parcours bien vide.

Mon idée d'entreprise m'obsède, je me sens incapable de construire un projet, incapable de m'affirmer face à des investisseurs ou clients potentiels. Pourtant, il le faudra. Chaque étape passée est un mur de verre pour moi : je vois à l'horizon que le résultat peut être beau, mais je ne sais pas briser la vitre.

Un de ces derniers soirs au cours duquel je me morfondais, j'ai écrit ce passage pour Cyril qui dormait : « ce soir, je suis triste. J'ai l'impression que tu es énervé contre moi et je suis en manque de toi et de tes câlins, de ton amour, de tes mots doux. J'ai peut-être été chiante aujourd'hui et je m'en excuse, mais j'ai besoin de tes mots d'amour. Je suis tellement mal, je pleure sans arrêt et tu restes énervé. C'est totalement normal, car je t'empêche de dormir alors que tu te réveilles tôt, je réagirais pareil. Mais je suis dans un tel désespoir que je ne sais vers qui me tourner. Je ne ressens plus de soutien, je suis livrée à moi-même, avec mes angoisses, mes pleurs, mes TCA, mes idées noires. Je t'aime ».

Le lendemain, une crise est survenue, incapable de faire face à la journée, aux tâches minimes à réaliser, même se lever est un effort considérable. Je me sens triste, déprimée, lâche, nulle et j'en passe. Chaque journée passée n'est devenue qu'une journée de moins à vivre.

Chapitre 73
Franchir la ligne d'arrivée

1er février 2023

Depuis que ma dose d'antidépresseurs a été à nouveau augmentée et ajustée, mon état s'est amélioré. Je ne suis plus en dépression, j'ai retrouvé goût à la vie et je n'ai plus autant de pensées envahissantes. Si je peine à écrire, que les mots ne se jettent plus aussi facilement sur le papier, c'est parce que je souffre moins. Si la douleur s'échappe, elle emporte avec elle mon langage. Je ne ressens plus cette envie viscérale d'écrire comme pour me libérer du mal-être. En ce qui me concerne, je suis très heureuse de cela, car je suis sur le point d'enfin tourner la page des TCA, des pensées nauséabondes à mon égard, des sombres périodes, du mal-être, des calculs (de calories et non mathématiques que je continue avec plaisir), des jugements, des pleurs, des pensées dépressives, des pensées suicidaires, des scarifications, de la privation, du dépassement émotionnel, de la boulimie, de la haine envers moi-même, de la focalisation sur le poids, etc.

Je ne veux pas être réduite à mes TCA, être enfermée dans ce rôle. Je veux pouvoir clamer que je suis une femme forte qui a vaincu l'étape la plus douloureuse de sa vie, qui s'est battue nuit et jour, qui n'a jamais renoncé, qui s'est forgé une identité dont elle est fière, qui est accomplie dans sa vie sentimentale, amicale, et professionnelle, qui ne regrette en rien ses choix, qui est fière de son passé et le met à profit dans ses décisions actuelles, qui lira ce livre avec beaucoup de compassion pour la jeune fille qu'elle fut, qui surmontera chaque étape avec la même vigueur et détermination.

À toi, Lena, qui liras ce livre, seule ou accompagnée, n'oublie jamais et vis pleinement. À vous autres qui lirez cet ouvrage, j'espère que vous m'aurez comprise, que vous en aurez tiré des enseignements positifs.

Chapitre 74
Mars attaque !

6 mars 2023

Avec Cyril, nous sommes partis à Lille quelques jours afin de nous évader ce qui fut une réussite. Côté alimentaire, que dire ? Je me suis fait plaisir, sans compter, sans rechigner, et c'est encourageant. Cependant, je ne suis pas certaine d'en être fière, car j'ai le sentiment que je lâche le contrôle et cela me terrifie. Dès que nous fûmes rentrés à la capitale, les crises se firent nombreuses (des petites) tant ma culpabilité grondait. Mon poids est assez stable autour des 58 kg, ce que je ne peux plus supporter. Plus le temps passe et plus je hais mon enveloppe corporelle alors que ce devrait être le contraire. Je redoute de ne jamais perdre les kg que j'aimerais voir s'envoler pour me sentir mieux (une fois encore, je sais que c'est la maladie qui me force à penser ainsi, car un poids ne définit pas une personne et encore moins son état d'esprit, sa joie de vivre, sa confiance en elle). Je redoute d'avoir la pensée que je dois perdre du poids pour me sentir mieux, car je sais pertinemment que c'est un écueil, je redoute de ne jamais accepter mon corps tel qu'il est et passer mon existence à tenter de le modifier et en avoir honte.

Avec Cyril, c'est toujours l'amour fou bien que ma crainte qu'il ne m'abandonne un jour ne fasse que croître. Il n'y a aucune raison objective à cela, bien que je sois égoïste, susceptible, irascible, hypersensible, et que je fasse preuve d'un comportement déplaisant lorsque je ne me sens pas bien (au moins trois soirs par semaine). J'ai cette fâcheuse tendance à lui répéter continuellement de me quitter dans mes élans de désespoir et je redoute qu'un jour il accepte ma proposition pour soulager la charge mentale que je lui impose en l'espèce. Ci-après une lettre qui lui était adressée après une soirée anxiogène :

Je suis désolée d'avoir été misérable et de m'être mal comportée ce soir. Je suis super mal au sujet de la nourriture, je me sens ballonnée et tellement honteuse. J'ai l'impression que tout s'effondre autour de moi, que je ne fais plus attention à ce que je mange alors que je devrais, que mon poids ne me préoccupe plus alors qu'il le devrait. Je me sens gonflée, moche et indigne de ton amour alors je te repousse sans le vouloir. Je sens que je suis rattrapée par le temps qui défile et que mon poids ne diminuera jamais par ma faute, que je ne fais rien pour et je me sens lâche d'abandonner. Je suis désolée mon amour, j'espère que tu voudras bien me pardonner, je t'aime plus que ma vie.

Chapitre 75
Le devoir de mémoire

3 avril 2023

Aujourd'hui, trois ans que je suis montée innocemment sur la balance « juste pour voir » au début du confinement. Depuis, il s'est écoulé de nombreux évènements dont je voudrais oublier la teneur pour certains. Hier, la nuit tombée, mon envie de crise fit surface, elle qui m'avait accordé un peu de répit pendant plus de trois semaines consécutives. Globalement, un anniversaire pesant. Cette crise était commémorative, mais également une nouvelle illustration pour mon entourage démontrant que la guérison n'est pas encore totale comme je tends à l'exposer. Mon poids est toujours un sujet dévastateur, cependant mes symptômes se font discrets. La période anniversaire couplée aux entretiens de master qui arrivent la semaine prochaine ne font pas bon ménage. Mes crises ont beaucoup diminué en volume et en fréquence, malgré le fait qu'elles se manifestent toujours pour que je ne les oublie pas. Une autre crise est survenue deux jours plus tard, car les jours suivant une crise sont toujours très difficiles. En règle générale, je fais quelques petites crises après la vraie et puis quelques jours se passent mieux et je repars sur une bonne lancée pendant des semaines. Nous nous dirigeons vers la fin.

Chapitre 76
Séparation et introspection

13 juin 2023

Quelques mois sans vous écrire et pourtant que d'épreuves traversées !

En premier lieu, mes parents m'ont annoncé il y a un mois environ qu'ils se séparaient (pour le moment provisoirement). Mon père a pris un appartement et ma mère a gardé la maison. Assurément, je savais que leur couple avait été durement impacté par les épreuves récentes : le covid, la maladie de ma sœur (qui est d'ailleurs en rémission depuis peu mazaltov), ma maladie, la révélation du père de ma mère qui n'était pas son géniteur… En somme : un déferlement d'évènements inouïs auxquels ils ont dû faire face malgré eux.

Chacun d'entre eux souffre, ils ne parviennent plus à se soutenir, discuter, se rassurer. Ainsi, la décision de séparation pour un temps leur est apparue adéquate. Cependant, je dois dire que je ne m'attendais guère à une mesure aussi drastique et immédiate. À 22 ans, on pense que si nos parents sont toujours ensemble, ils le seront pour la vie. J'ai terriblement de peine, mais je ne peux rien y faire. Mon intuition me présage que cette séparation deviendra définitive, quoique douloureuse pour les deux parties prenantes. Nous verrons d'ici peu si mon instinct se révèle exact.

Concernant les TCA, je vais tenter de dresser un bilan exhaustif de ces derniers mois.

Depuis le mois d'avril, les symptômes se font rares, ce qui est de bon augure pour l'avenir. Je ne subis que quelques crises minimes, mais mon comportement alimentaire s'étant stabilisé et mes sensations de faim retrouvées, la désolation devient inusuelle. La satiété aura mis environ une année complète pour réapparaître après le début de prises alimentaires classiques pour le bon fonctionnement de l'organisme.

Nonobstant, la maladie est toujours un sujet délicat sur certains points. En outre, je suis convaincue que ma guérison sera complète lorsque les points suivants auront été traités :

– Parvenir à aller au restaurant lorsque l'envie me taraude ;

– Savoir faire face aux imprévus alimentaires ;

– Accepter ma faim même si elle est plus élevée que d'autres personnes ou que certains jours, et l'honorer en conséquence ;

– Cesser la comparaison aux corps des femmes (mes proches, dans la rue…) ;

– Parvenir à boire des boissons qui ne sont pas « 0 calorie » ;

– Commencer à m'accepter physiquement, ne pas rejeter violemment mon apparence.

En bref, quelques aspects à traiter pour me considérer comme réellement en rémission. Néanmoins, je peux oser énoncer que je me sens bien. Je vais rentrer dans le master que je désirais (entrepreneuriat) à Dauphine donc poursuivre des études dans un domaine qui m'intéresse beaucoup, je vis avec l'homme que j'aime et qui m'apporte pléthore de sérénité et de bonheur chaque jour, je vais partir explorer le monde cet été (New York, Mykonos, Split)… Que de beaux projets en perspective !

De surcroît, lorsque je relis quelques anciennes pages de mon récit, je m'aperçois que ma vision a drastiquement évolué. Par exemple, je désirais savoir me faire vomir pour contrôler mon poids. Désormais, je sais que c'est une hérésie et je félicite mon corps pour ne pas avoir « réussi » à vomir pour compenser mes crises. En effet, selon moi, j'ai voulu être prise en charge, car ma masse pondérale m'était insoutenable. Les crises d'hyperphagie m'ont poussée à me faire aider, à avancer, à me battre. Finalement, sans elles, je pense que je ne serais pas aussi proche de la rémission aujourd'hui. J'admire les anorexiques restrictives et boulimiques qui acceptent un accompagnement pour leur courage et ténacité alors qu'elles « parviennent à contrôler » leur poids. Je présume que je n'aurais sûrement pas eu cette détermination sans les crises, alors je voudrais les remercier quelque part de m'avoir incitée à vouloir guérir à tout prix.

Tout a un sens dans la vie, et d'un mal il sort toujours un bien. Certes, j'aurais préféré ne jamais connaître les souffrances que j'ai pu éprouver ces dernières années, mais la maladie m'a permis de m'affirmer, d'avoir le courage de changer de voie, d'explorer de nouveaux horizons et enfin de savoir ce qui me plaisait réellement. J'avais une aversion pour ce que j'étudiais, pour la vie que je menais et je n'étais en aucun cas épanouie. Dorénavant, je suis fière du chemin que j'ai choisi de poursuivre professionnellement, fière du courage et de la détermination dont j'ai fait preuve, fière des obstacles cruels que j'ai dû franchir, fière d'être devenue moi.

Chapitre 77
Conseils pour les proches

Il me paraît opportun d'enfin conter le manuel des TCA pour les proches du malade. Depuis le début de mon récit, j'énonce des moments douloureux et je tente d'expliquer aux proches ce que l'on vit réellement en tant que souffrant. L'on pourrait me reprocher à cet égard que je ne voie pas à travers leurs yeux, mais seulement les miens et ce serait justifiable et approprié. En l'occurrence, je ne peux savoir comment les proches perçoivent le malade, de quelles manières ils tentent de l'épauler et l'aider, pourquoi ne comprennent-ils pas (ou ne veulent-ils pas comprendre) nos actions face à la nourriture et à l'angoisse qu'elle nous provoque ?

Selon moi, il demeure impossible de dissocier les parents de la victime et sa maladie. Ils ne sont pas entièrement responsables de la maladie, mais au moins en partie (sans en avoir l'intention). En effet, si l'enfant est suffisamment rassuré, aimé, mis en confiance sur ses capacités et qualités, écouté, chéri, valorisé… alors pourquoi ce dernier devrait-il souffrir et vouloir leur montrer ? Au-delà d'un évènement extérieur tragique, la construction d'un individu s'effectue d'une part au sein du cercle familial (première sociabilisation) et d'autre part dans le cadre scolaire ou autres activités (sociabilisation du deuxième degré). Celle-ci forge ses aptitudes, son caractère, ses préférences, ses compétences, ses relations. Si aucun évènement extérieur ne fragilise l'individu (agression [sexuelle ou non], perte d'un être cher, remarques ou harcèlement [deuxième degré]…), alors la maladie ne peut être déclenchée que par la combinaison de deux facteurs : la famille et la culture de la minceur dans notre société (posant un problème conséquent). Le cercle familial pourrait être réduit aux parents et frères/sœurs, mais souvent il se constitue des générations précédentes et même des parents éloignés (pouvant avoir de l'influence sur eux).

Certain(e)s familles/proches font leur possible pour aider leur chair face à la maladie : la documentation visuelle ou auditive, les rendez-vous avec les diététiciens et psychiatres, la remise en question. Néanmoins, ils oublient une partie du tableau : l'écoute attentive du patient.

Conseils pour les familles souhaitant aider le souffrant :
Les premiers conseils que je donnerais sont les suivants :

– **Se documenter** avec des vidéos explicatives sur la maladie afin de mieux la comprendre. Écouter des témoignages de souffrants.

– **Placer ses préjugés en dehors du cadre** pour avoir une pensée claire sur la maladie (Pensées courantes à déconstruire : il suffit de manger/d'arrêter de manger, ce n'est pas compliqué)

– **Réfléchir à sa relation avec l'alimentation** :

o Est-elle réellement saine ? Si non, alors s'éloigner du patient le temps d'entamer un travail sur soi pour éviter les remarques que vous pourriez lui faire et le blesser, car elles vous sont intrinsèques. Tenter de discuter avec lui de ce qui le soulagerait (par exemple, il est difficile pour moi de manger face à des gens qui ont des TCA, car je remarque tout et je décèle les difficultés qui vont renforcer les miennes).

o Si vous savez déjà que vous avez un TCA : si vous n'êtes pas prêt à en sortir, alors ne tentez pas d'aider la personne, car les attitudes et remarques ne pourront que lui être néfastes. Pour la soutenir, la démarche doit venir de vous, autrement vous n'êtes pas légitime pour prétendre vouloir qu'il s'en sorte (une chose est de tenter d'en guérir vous-mêmes, une autre est d'y parvenir, mais la première option est suffisante).

– **Être à l'écoute des sensations, angoisses et émotions**, en tentant (même en ne les comprenant pas) d'être empathique et montrer son soutien. Si vous aimez votre proche, vous ne pouvez lui tourner le dos lorsqu'il évoque ses souffrances, même si vous avez du mal à les concevoir (souvent, l'on entend « pourquoi elle se crée des problèmes toute seule alors qu'elle a tout ce qu'elle veut dans sa vie et que tout va bien »).

– **Trouver les bons mots** : je t'aime, tu fais de ton mieux, je suis là pour toi, je te soutiens, je ne sais pas ce que tu ressens, mais je perçois ton désarroi et j'en suis désolé, tu es courageux (se), je t'accompagne et je ne te lâche pas…

– **Laisser de l'espace pour sa reconstruction** : les malades ont besoin de soutien, de sentir qu'on les aime, mais également de concentration pour vaincre la maladie. La sollicitation des proches est primordiale, mais doit rester dans une certaine mesure pour que l'individu puisse prendre son envol et grandir.

– **Changer de mode de communication (et la relation) en fonction de ce qui convient le mieux au patient** : il vous indiquera le chemin pour que les relations s'apaisent, ne pas le forcer à parler, ne pas le forcer à se taire, mais faire comme il l'entend en fonction des périodes.

– **Éviter les remarques physiques même si cela part d'une bonne intention** :

o « C'est bien, tu as un peu repris du poids ! » : le malade ne va entendre qu'une chose : « tu as grossi, c'est mal » et la restriction risque de revenir.

o « Cela te va bien d'avoir maigri ! » : le malade n'attend que ça et cela va le conforter dans l'idée que son comportement est approprié, puisque valorisé, il va se complaindre dans la maladie.

o « Tu devrais faire attention/Tu vas manger tout ça ? » : le malade est angoissé chaque seconde en pensant à son physique qu'il hait, nul besoin de l'en informer. Il peut faire une crise pour pallier l'angoisse ou bien se restreindre pour tenter de maigrir.

o « On ne dirait pas que tu es anorexique » : le malade cherche à montrer sa souffrance intérieure, mais le corps d'un anorexique peut être squelettique tout comme obèse. L'esprit tourmenté n'a pas de poids.

o « Tu es belle comme ça » : le malade pense que son poids ne doit plus jamais varier (même s'il est au plus bas au niveau de sa charge pondérale), car on a validé son corps.

o « Tu es juste normale » : le malade ne veut pas avoir un poids « normal », mais veut à tout prix être mince (avant de guérir totalement du moins), donc lui préciser ceci ne va faire que renforcer son idée du trop.

o « C'est simplement ta morphologie » : le malade est tourmenté, car la recherche du corps « idéal (le plus maigre) » est son seul objectif. Lui indiquer qu'il ne pourra jamais l'obtenir ne peut que renforcer ses symptômes.

– **Écouter le personnel médical** (si suivi du patient en cours), car il a des réponses à vous apporter.

– **Respecter les choix du patient** sauf s'ils sont dangereux pour sa santé.

– **Accepter les rechutes et ne pas culpabiliser la personne**, mais la valoriser pour l'avancée effectuée.

– **Admettre les erreurs du passé, tout en se concentrant sur le présent et l'avenir** (apprendre de ses erreurs, mais ne pas se focaliser dessus pour permettre au malade d'avancer)

– **Paraître intéressé et concerné** par les histoires du malade sur ses difficultés, en tentant de montrer que l'on compatit (même si vous ne percevez pas rationnellement les souffrances et que vous préférez éviter d'en discuter, montrer de l'empathie [même forcée] fait toujours du bien au malade, il se sent entendu).

– **Éviter les sujets qui peuvent le stresser** : lui demander au préalable ce qui le panique (par exemple : parler des études, parler de certains amis, parler de l'ex…) sauf s'il engage la conversation dessus (et tenter de la rediriger).

– **S'armer de patience et de bienveillance** : la guérison est longue et parsemée d'embûches, les rechutes sont nombreuses.

– **Montrer son inquiétude sans en faire trop** : le malade attire votre attention avec les symptômes, mais il culpabilise énormément de vous faire souffrir par sa faute. Ses souffrances sont déjà trop importantes pour lui faire porter un nouveau fardeau.

Tentez au plus possible, même si vous ne vous sentez pas concerné par la maladie de votre proche, de lui montrer de l'affection. Je ne prétends pas détenir le secret pour guérir d'un TCA, moi-même le combattant actuellement, mais je pense savoir ce qui aide dans la guérison et qui est à la portée de notre entourage (le reste du chemin est à parcourir seul). Par ailleurs, si vous peinez à appliquer les conseils, tentez simplement de vous mettre à la place de la personne. Cela pourrait vous aider à adopter le meilleur comportement (celui qui vous conviendrait si vous étiez dans cette situation de détresse).

Épilogue

J'aimerais remercier chaleureusement mes proches de m'avoir accompagnée, de près ou de loin, dans cette épreuve douloureuse. Mes amies ayant subi les mêmes souffrances que moi, comme celles que j'ai rencontrées à la clinique. Elles ont toujours su trouver les bons mots pour soulager mes maux. Elles méritent toutes l'allégresse et je suis reconnaissante de les compter dans mon entourage proche.

Papa, Maman, je vous aime. Merci d'avoir tout fait pour me comprendre, de vous être documentés sur ma maladie pour m'aider au mieux. J'espère de tout mon cœur que vous parviendrez à surmonter les épreuves qui vous sont imposées. Papa, je suppute que tu réussiras à guérir de cette maladie qui ronge toute la famille, que malgré les douloureuses épreuves qu'un père ne devrait pas avoir à traverser, tu parviendras à te relever. Maman, je sais ô combien les dernières années ont été éprouvantes pour toi : ma maladie, le covid, apprendre que ton père n'était pas le tien, le cancer de Camille, les relations compliquées avec Claire, la maladie chronique de Coline (endométriose)… tout ceci a été une charge mentale considérable et j'admire ton courage dans l'adversité.

Mes sœurs, je vous souhaite chacune le meilleur.

Camille, désormais en rémission, je ne sais exprimer mon admiration pour sa bravoure sans faille durant ces longs mois de batailles. Nous ne sommes pas proches, mais je sais que nos liens sont indéfectibles.

Claire, bien que sa manière d'exprimer les choses ne soit pas toujours adéquate, je la supplie de ne pas renoncer à ouvrir les yeux sur ses TCA. Elle mérite d'être prise en charge, d'avoir une relation saine avec l'alimentation et le jeu en vaut la chandelle. J'admire sa force de jeune maman, toujours aimante pour ses petits anges. J'aimerais avoir une relation franche et que nos liens de sororité se renforcent.

Coline, je la vois peu et pourtant je ressens toujours qu'elle incarne la bienveillance et qu'elle tient à moi. Elle a du mal à exprimer ses émotions en parlant, mais ses actions reflètent l'immensité de son cœur. Elle a un petit garçon drôle, intelligent, beau et épanoui à l'image de l'amour que lui donne sa mère.

Comment ne pas mentionner Cyril, mon roc et partenaire dans cette aventure sinueuse ? Il est d'une douceur et gentillesse innommable, toujours prêt à donner son monde pour sauver le mien. Dans ses yeux, je me vois belle. Il parvient constamment à me faire rire, à m'épauler bien qu'épuisé, à me consoler dans ses bras aimants, à m'aimer inconditionnellement. Jamais je n'imaginerais passer ma vie sans lui tant notre histoire est une évidence. Je t'aime plus que ma propre vie.

Je m'étais juré de ne pas avoir d'enfants avant d'être guérie, car je ne supporterais point de leur transmettre une relation malsaine avec l'alimentation, même malgré moi. Je le vivrais comme un échec et me sentirais si coupable de voir ma descendance souffrir par ma faute. Désormais, en passe de guérir de mes troubles, je peux affirmer que j'ai respecté ma promesse. Certes, je ne sais pas encore si mon approche concernant l'alimentation n'aura pas de failles pour mes enfants, mais je suis persuadée que jamais je ne laisserai s'installer la maladie dans leurs entrailles. Je ferai tout pour que leur apparence ne les importe pas, malgré la société dans laquelle nous évoluons.

Pour conclure cet ouvrage, j'aimerais vous proposer deux sentences particulièrement évocatrices, qui résument parfaitement mon état d'esprit actuel. Ces phrases, je l'espère, résonneront en vous autant que moi.

Les TCA sont une lutte contre le miroir, mais la vraie beauté réside dans la force intérieure et le courage de se battre pour une vie saine et épanouissante.

Jenni Schaefer

Ne passez pas à côté de 99 % de votre vie pour peser 1 % de moins.

Louise Aubery

Imprimé en Allemagne
Achevé d'imprimer en février 2024
Dépôt légal : février 2024

Pour

Le Lys Bleu Éditions
40, rue du Louvre
75001 Paris